기도는 전투다
Warfare Prayer

피터 와그너 지음 / 명성훈 옮김

서로사랑

Warfare Prayer
ⓒ Copyright 1992 by C. Peter Wagner
All rights reserved.
Originally Published by Regal Books
Korean translation Copyright ⓒ 1997 by Seorosarang Publishing

기도는 전투다(개정판)

1판1쇄 발행 1997년 10월 1일
2판1쇄 발행 2017년 3월 15일

지은이 피터 와그너
옮긴이 명성훈
펴낸이 이상준
펴낸곳 서로사랑(알파코리아 출판 사역기관)
만든이 이정자, 주민순, 장완철
         이소연, 박미선, 엄지일
이메일 publication@alphakorea.org

등록번호 제21-657-1
등록일자 1994년 10월 31일
주소 서울시 서초구 방배중앙로 16, 5층
전화 02-586-9211~3
팩스 02-586-9215
홈페이지 www.alphakorea.org

ⓒ서로사랑 2017
ISBN _ 978-89-8471-333-8 03230

* 이 책은 서로사랑이 저작권자와의 계약에 따라 발행한 것이므로
  본사의 허락 없이는 어떠한 형태나 수단으로도 이 책의 내용을 이용하지 못합니다.
* 잘못된 책은 바꿔 드립니다.
* 가격은 뒤표지에 있습니다.

차례

저자 서문
역자 서문
서론

제1장 최전선의 싸움_ 11
아르헨티나는 세계 복음화라는 영적 싸움의 최전선이 되어 왔고 영적 전투를 위한 실험적 도움을 주고 있다.

제2장 진짜 싸움은 영적이다_ 37
영적 싸움에서의 승리가 없이는 어떠한 전도 기술도 참된 효과를 발휘할 수 없다.

제3장 적극적으로 싸우신 예수님_ 55
예수님은 세례를 받으신 후 사역에 곧바로 들어가지도 또 사탄에게 공격할 틈도 주지 않고, 무엇보다도 먼저 성령의 능력으로 사탄을 공격하고 주도권을 잡으셨다.

제4장 배후에 숨어 있는 악령들_ 79
악령과 나무, 돌, 금속과 같은 물체 사이에는 치명적인 상관관계가 있다.

제5장 과거와 현재의 영토권_ 99
구약 시대의 사람들은 어떤 지역을 다스리는 귀신, 악령, 천사 혹은 신적인 존재가 있다고 믿었다.

제6장 영적 전사를 무장시켜라_ 119
사탄과 싸우기 위해서는 하나님에게 항복하고, 하나님에게 가까이 가고, 우리의 손과 마음을 깨끗하게 해야 한다. 이 세 가지는 영적 전사를 무장시키는 신병 훈련소의 3대 수칙이다.

제7장 민족의 죄를 회개하라_ 149

민족의 죄를 회개하기 위해서는 죄책감이 없더라도 민족의 죄가 자신의 문제임을 개인적으로 철저하게 깨달아야 한다.

제8장 악령들의 존재와 활동을 파악하라_ 173

선교학자들은 세계 여러 곳에서 악한 정사와 권세자들이 구체적인 이름을 가지고 활동하는 것을 알고 있다.

제9장 도시를 구원하는 법_ 197

가장 추악하고 어두운 도시에 그리스도의 승리의 깃발을 높이 들라. 도덕적으로 음침한 대도시들을 구원하자.

제10장 함정을 피하라_ 225

악한 정사와 권세자들과 싸우는 것은 겁쟁이나 마음 약한 자들의 싸움이 아니다. 그것은 실제 전쟁이다. 그러므로 희생을 각오해야 한다.

주석_ 251

저자 서문

5년 전만 해도 나는 이러한 책을 쓸 수 없었을 것이다. 그러나 1990년대부터 마치 하늘나라의 비상벨이 울리듯이, 전 세계 교회가 지금까지 미처 경험해 보지 못한 영적 전쟁의 와중에 뛰어들기 시작했다. 그때 하나님은 지금까지 35년여에 걸친 나의 사역에서 가장 급속한 깨달음을 허락하시기 시작했다. 이 책은 바로 그러한 영적 깨달음을 모든 사람과 나누기 위해 정리한 것이다.

이 책이 독자와 독자 여러분의 교회를 놀랍게 변화시킬 뿐만 아니라, 훗날 세계 복음화를 이루도록 영적 싸움의 최전선에 동참하게 할 것을 굳게 믿는다.

C. Peter Wagner

역자 서문

교회 성장과 세계 선교에 기도의 중요성이 대두되고 있는 시점에 와그너 교수는 영적 전쟁의 가장 강력한 무기로서의 기도 사역에 대해 「The Prayer Warrior」라는 이름의 시리즈를 저술했는데, 이 책은 그 시리즈의 첫 번째 책이다.

와그너 교수의 사랑을 받고 그 밑에서 박사학위를 받은 역자는 이 책의 시리즈를 번역 출판하기 원했으며, 마침 도서출판 서로사랑을 통해 본서를 번역 출판하게 되었다. 이는 전환기를 맞은 한국 교회에 뜻 깊은 일이며 주님의 크신 은혜라고 생각한다.

본서는 영적 전쟁의 개념을 교회 성장과 세계 선교에 초점을 맞추어 전략적인 기도를 중심으로 전개해 나간다. 와그너 교수는 그동안 교회 성장의 사회 환경 및 조직적 측면만을 강조한 교회 성장 운동을 영적 차원으로 발전시키는 데 주력해 왔는데, 이 책은 그 노력의 첫 작품이다. 아무쪼록 이 책을 읽는 독자들마다 영적 전쟁의 위대한 전사가 되기를 기원한다.

명성훈 목사
(전 교회성장연구소 소장)

서론

지난 수년 동안 기독교 세계에서는 영적 싸움과 관련된 초자연적 현상에 대해 대단한 관심의 물결이 있어 왔다. 예를 들어, 프랭크 페레티(Frank Peretti)나 월터 윙크(Walter Wink) 같은 작가들의 책은 수많은 독자들의 영적 호기심을 자극했다. 특히 래리 리(Larry Lea) 목사의 '기도 특공대'와 존 윔버(John Wimber)의 '영적 전투를 위한 세미나' 등은 수많은 사람들을 자극시켰다. 일부 신학교에서는 영적 세계와 능력 대결 혹은 신유와 축귀(deliverance) 같은 과목을 개설하기까지 했다. 이러한 현상에 대해서 필자가 편집한 「선교 현장과 영적 전쟁」(Wrestling with Dark Angels)이 참고가 될 것이다.

나는 1980년경부터 교회 성장의 영적 차원을 강조하기 시작했다. 그 이후 초자연적인 기사와 표적이 교회 성장에 어떠한 영향을 주는지에 대해서 연구했고, 그 결과 「제3의 바람」(How to Have a Healing Ministry)이라는 책을 출간하게 되었다. 그리고 1987년부터는 기도에 관해 연구하기 시작했다.

기도에 관한 자료를 연구하면서 나는 많은 사람들이 소홀히 여겼던 세 가지 분야를 접하게 되었다. 그것은 (1) 전략적 수준의 중보기도, (2) 교회 지도자들을 위한 중보기도, (3) 기도와 교회 성장과의 관계 등이다. 이 세 가지 분야를 위해서 지난 몇 년간을 헌신하면서 책을 쓰기로 결심했는데, 본서는 그중의 첫 번째 책으로서 전략적 수준의 영적 싸움과 그러한 싸움에 필요한 전투적 기도에 관한 내용이다.

영적 싸움에 관한 책은 적지 않다. 그러나 영적 싸움의 현장을 분석해서 신학자, 성경학자 그리고 이론가뿐만 아니라 실천가들에게까지 관심을 불러일으킬 만한 책은 거의 없었다. 본서의 각주를 보면 이 분야를 연구한 여러 전문가들의 이름이 나오는데, 이들의 도움이 없었다면 나 혼자서 이런 책을 쓸 수 없었을 것이다. 이 자리를 빌려 그 모든 분들에게 깊은 감사를 드린다.

이 책의 주제는 글로 표현하기 어려운 것들이다. 전략적 수준에서의 영적 싸움에 관한 내용 중 많은 부분들이 도대체 성경적인 근거가 있는지 없는지 의문스럽게 여길 수 있기 때문에 다른 사람들의 책을 참조하기보다는 성경에서 더 많은 자료들을 활용했다. 특히 어떤 지역을 다스리는 지역 귀신에 관한 내용과 귀신들의 이름을 확인하는 주제들은 본서의 특기할 만한 것이라고 자부하는 바다. 그리고 영적인 싸움으로서 쉽게 다루지 않는 '거룩'의 의미에 대해서도 새롭게 분석했다. 또 다른 사람들이 이미 많이 다룬 주제들도 새로운 통찰력을 제공하고 있다고 생각한다.

이 책은 학문적이다. 그러나 동시에 미국이나 아르헨티나 등의 실제 이야기와 간증을 포함한다. 나는 이론가지만 실제로 활용할 수 있는 이론을 추구하는 사람이다. 특히 아르헨티나의 일은 검증되어진 것이기에 당신은 그곳에서 일어난 실제 사건들을 접하게 될 것이다. 어떤 내용에는 무당의 죽음과 같은 비극적인 것이 있는 반면 열쇠 귀신과 같은 희극적인 내용도 있다.

효과적 전도를 위한 영적 싸움을 처음 접한 것은 아르헨티나의 오마르 카브레라(Omar Cabrera) 목사에 의해서였다. 그가 시무하는 미래의 비전(Vision of the Future) 교회는 당시 세계 10대 교회 중 하나였다. 그는 교회 개척을 위해서 도시를 점령하고 있는 지역 귀신을 물리치는 체험에 관해 내게 말해 주었다. 그와 그의 아내인 마르파(Marfa)에게 심심한 감사를 드린다.

나는 위클리프 성경번역 선교회의 베르니 메이로부터 편지를 받고 놀랐다. 처음에는 대수롭지 않게 생각했었다. 왜냐하면 위클리프 선교회는 영적 싸움에 대해서는 거의 관심이 없었던 기관이었기 때문이다. 더구나 그 편지는 선교회 본부에서 온 것이었다.

베르니 메이는 그 편지에서 선교회 본부를 방문한 어느 번역 선교사의 이야기를 적었다. 그 선교사의 고백을 들어 보자.

"나는 이곳에서 두 가지 목적을 가지고 시간을 보내려고 합니다. 첫째는, 가능한 한 영적 싸움에 관해서 많은 것을 배우려고 합니다. 선교 지역에서의 싸움은 더 이상 기후나 말라리아나 민속 신앙에 대한 것이 아닙니다. 우리의 싸움은 정사와 권세와 이 세상의 주관자, 곧 에베소서 6장에 나오는 하늘의 악한 영들과의 싸움입니다. 둘째는, 우리와 함께 기도할 사람을 찾는 일입니다. 선교지의 영적 어두움의 세력을 깨뜨리는 유일한 길은 기도뿐입니다. 우리를 위해 중보기도해 줄 사람이 필요합니다."

이 선교사의 두 가지 목표는 곧 기도에 관해 내가 쓰려고 하는 세 책 중의 두 가지 주제와 일치한다. 그리고 나를 더욱 흥분하게 한 것은 베르니 메이의 다음과 같은 말이었다.

"이 선교사처럼 나도 영적 싸움에 대해서 알고 싶습니다. 그리고 나도 나를 위해서 기도해 줄 영적 동지가 필요합니다."

이것이야말로 위클리프 선교회뿐만 아니라 전 세계 모든 교회를 향해 말씀하시는 성령의 음성이라고 믿는다. 내 소원은 성령의 음성을 듣는 자마다 이 책을 읽고 더욱 주님에게 가까이 가며, 능력 있는 전투적 기도에 더욱 마음이 열려 하나님에게 더욱 쓰임 받는 것이다.

제1장

최전선의 싸움

Frontline Warfare

C. PETER WAGNER

아르헨티나는 전투적 기도에 대한 훌륭한 모델이다. 나에게 특별한 의미가 있는 세 부류의 중요한 나라들이 있는데 그것을 간단히 설명하고자 한다.

- 이 시대에 하나님의 성령의 능력을 가장 많이 체험한 나라들: 중국과 아르헨티나
- 개인적인 사역에서 가장 관심이 있는 나라들: 일본과 아르헨티나
- 서구 기독교에 큰 공헌을 하고 있는 제3세계의 나라들: 기도를 위해서는 한국, 영적 싸움을 위해서는 아르헨티나

1990년 이후 나와 아내인 도리스는 전도와 전략적 수준의 영적 싸움과의 상관관계를 연구하기 위해 아르헨티나를 여러 번 여행하면서 많은 활동에 참여했다. 아르헨티나에서의 활동은 세계 복음

화를 위한 영적 차원에 관해 좀 더 많이 배우도록 하는 실험으로써 영적 싸움의 최전선이 되어 왔다.

영적 싸움의 세 가지 수준

세계적으로 볼 때 1990년은 영적 싸움에 대해 초교파적으로 큰 관심이 일어나기 시작한 해였다. 특히 내가 말하려는 전략적 수준의 영적 싸움에 있어서는 더욱 그렇다. 이 세상에는 수많은 종류의 영적 싸움이 있다. 그러나 나는 여기서 전문적인 교회 지도자들이 폭넓게 공감할 수 있는 영적 싸움의 세 가지 수준에 관해서 말하고자 한다. 이 세 가지 수준은 각각 하부 구조를 가지고 있어 서로 뚜렷하게 구별되기보다는 중복되는 경향이 있지만, 다음과 같이 구분해서 일반화하는 것이 유익하리라 본다.

1) 지상 수준의 영적 싸움

이것은 귀신을 내어 쫓는 사역이다. 예수님은 열두 제자를 파송하셨을 때 "더러운 귀신을 쫓아내며 모든 병과 모든 약한 것을 고치는 권능"을 주셨다(마 10:1). 또한 예수가 파송한 칠십 인의 제자들이 돌아왔을 때 그들은 기뻐하며 "주여 주의 이름이면 귀신들도 우리에게 항복하더이다"라고 말했다(눅 10:17). 빌립이 사마리아에서 전도했을 때도 "많은 사람에게 붙었던 더러운 귀신들이 크게 소리를 지르며 나"갔다고 기록한다(행 8:7).

이와 같은 것들이 바로 지상 수준의 영적 싸움이다. 이것은 신약

성경에 가장 많이 기록되어 있으며, 오늘날 그리스도인들에게서도 보편적으로 실행되는 사역이다. 이른바 귀신 쫓는 사역을 하는 개인이나 그룹이 이러한 지상 수준의 영적 싸움을 행하는 경우다. 미국에서는 특히 오순절주의자나 은사주의자들에게서 많이 나타나며, 교파를 초월해서 대부분의 선교사들이 선교지에서 체험한 이러한 간증을 많이 가지고 있다. 인도의 경우, 대부분의 시골 교회에서는 악령으로부터 구함을 받은 자들이 그리스도인이 되고 있다. 그리고 중국, 네팔, 모잠비크 같은 나라에서는 귀신을 내어 쫓는 목회가 없이는 효과적인 전도란 생각할 수 없을 정도다.

영적 싸움에 관해 쓴 지금까지의 책은 대부분 이러한 지상 수준의 싸움을 다룬 것들이다. 일부에게는 어색할지 몰라도 귀신 쫓는 사역은 이미 우리 주위에서 얼마든지 볼 수 있으며 많은 교회 지도자들이 이 분야에 대해서 괄목할 만한 전문성을 보여 주고 있다.

2) 주술적 수준의 영적 싸움

악령의 역사는 무당, 뉴에이지 지도자들, 주술사, 마술사, 사탄 숭배자 그리고 점쟁이들을 통해 행해지기도 한다. 이들은 두통, 부부싸움, 술 취함 혹은 척추 질환 등을 일으키는 일반적인 악령과는 조금 다르다. 사도행전 16장을 보면 바울이 빌립보에서 여러 날 동안 그를 괴롭히던 점하는 귀신 들린 여종을 치료하는 장면이 나온다. 이 사건은 일반적 귀신과는 차이가 있는데, 그것은 당시 사도들을 감옥에 가두는 정치적 폭동을 유발했기 때문이다(행 16:16~24을 보라).

1990년대 초반만 해도 미국의 그리스도인들은 이러한 주술적 수준의 영적 형태에 관해서 잘 몰랐다. 레이건 대통령과 낸시 여사가 워싱턴에서 대통령직을 수행했을 때 점성가를 고문으로 고용했다는 사실을 아는 사람은 거의 없었다. 또 매사추세츠 주지사인 마이클 듀카키스는 마녀를 공식적으로 고용했다. 물론 그 사실 때문에 복음주의자들이 그를 대통령 후보로 선정하지 않은 것은 아니다. 그 당시만 해도 이러한 주술적 수준의 영적 싸움에 대해서는 거의 정보가 없었기 때문이다.

그러나 상황은 점점 바뀌고 있다. 독일의 경우, 등록된 마녀의 수는 목사들의 수보다 더 많아지고 있다. 또 프랑스에서는 몸이 아플 때 의사보다는 마녀에게 찾아가는 경우가 더 많다고 한다. 그런가 하면 미국에서 가장 급성장하고 있는 종교 운동은 뉴에이지 운동이다. 러셀 챈들러(Russell Chandler)의 「뉴에이지의 복음화」(Understanding the New Age) 등의 책은 이에 좋은 자료가 될 것이다. 1991년 4월의 〈크리스채너티 투데이〉(Christianity Today) 잡지의 커버스토리는 "지구를 향한 보름달로부터의 악령의 능력"에 관한 기사였다. 그리고 마크 부벡(Mark I. Bubeck)의 「사탄의 부흥」(The Satanic Revival)은 미국에서 일어나는 사탄의 역사에 대해 그리스도인들이 어떻게 대처할 것인가에 대한 지침을 제공한다.

3) 전략적 수준의 영적 싸움

이것은 보다 더 악한 영인 지역 귀신(territorial spirits)과의 싸움이다. 에베소서에서 바울은 "우리의 씨름은 혈과 육을 상대하는 것이 아니요 통치자들과 권세들과 이 어둠의 세상 주관자들과 하늘에 있는 악의 영들을 상대함이라"(엡 6:12)고 했다. 이 구절에서 지역 귀신에 관해 직접적으로 언급하는 것은 아니지만, 나는 이 말씀이 지역 귀신에 대한 암시를 준다고 믿는다.

전략적 수준의 영적 싸움에 대한 보다 확실한 성경적 근거는 요한계시록 12장이다: "하늘에 전쟁이 있으니 미가엘과 그의 사자들이 용과 더불어 싸울새 용과 그의 사자들도 싸우나"(계 12:7). 이것은 주술을 다루는 것이나 욕정의 귀신 등과는 구별되는 사건이다.

미국 그리스도인들에게 전략적 수준의 영적 싸움에 대한 관심을 불러일으키도록 최대의 영향을 미친 사건은 프랭크 페레티의 두 소설인「보이지 않는 전쟁」(This Present Darkness)과「어둠의 파괴」(Piercing the Darkness)의 출판이었다. 인간 사회의 사건들이 초자연적인 능력들 간의 싸움의 결과라는 사실을 믿지 않던 많은 그리스도인들이 이 소설 때문에 이제는 공공연하게 말할 정도가 되었다. 그리고 적지 않은 사람들이 페레티의 소설을 허구가 아닌 실제적인 자료로 삼을 정도다.

이 책의 초점

이 책은 전략적 수준의 영적 싸움과 그 싸움을 위한 중보기도에 관해서 집필한 책이다. 전략적 수준의 영적 싸움이 앞에서 언급한 지상 수준의 싸움과 주술적 수준의 싸움과 완전히 분리되는 것은 아니다.「보이지 않는 전쟁」이라는 소설을 읽은 독자들이 잘 이해하고 있듯이, 세 가지 수준은 상호 관련이 있으며 피차 영향을 주고 있다. 내가 이 책에서 초점을 맞추려는 것은 전략적 수준의 영적 싸움이지만 나머지 두 수준에 대해서도 언급할 것이다. 전략적 수준은 다른 말로 우주적 수준(cosmic-level) 혹은 중보 사역(intercession)이라고도 부른다.

나는 영적 싸움 자체를 궁극적인 목적으로는 보지 않는다. 예수님은 마귀의 일을 멸하려고 오셨다(요일 3:8을 보라). 그러나 그것은 단지 잃은 자를 찾아 구원하시려는 목적을 위한 수단에 불과한 것이다(눅 19:10을 보라).

> 예수님은 마귀의 일을 멸하려고 오셨다. 그러나 그것은 단지 잃은 자를 찾아 구원하시려는 목적을 위한 수단에 불과한 것이다.

예수님은 인간이 하나님에게 돌아오기를 원하셨고 그 일을 위해 십자가에서 기꺼이 죽으셨다. 주님의 초점은 인간이었지 마귀가 아니었다. 마귀는 인간을 구원하는 일에 최대의 장애물이었을 뿐이다. 하나님은 세상을 사랑하셔서 독생자를 주셨는데, 이는 그를 믿는 자마다 멸망하지 않고 영생을 얻게 하기 위함이었다(요 3:16을 보라).

하나님의 최대 관심사는 전도다. 사람을 구원해서 하나님을 경배하고 찬양하게 하기 위함이다. 그리고 그것은 나의 최대 관심사이기도 했다. 나는 35년 이상 전도와 선교와 교회 성장을 위해 일해 왔다. 그리고 앞으로 10년만이라도 더 주님을 섬길 수만 있다면 더 많은 영혼을 구원하는 일에 전력하고 싶다. 내가 전투적 기도에 관심을 가지는 것도 결국은 전도에 있어서 매우 중요하기 때문이다. 그리고 이러한 이유로 인해 아르헨티나에 관심을 갖게 된 것이다.

아르헨티나
아드로게의 통치자를 쫓아냄

부에노스아이레스 시에는 아드로게라는 중산층 지역이 있었는데 전도가 잘되지 않았다. 그래서 이 지역에서 개척한 교회들마다 실패하고 말았다. 그곳은 마치 교회 개척자들의 무덤과 같은 곳이었다. 그나마 유일하게 남아 있는 침례교회는 70년 동안에 겨우 70명의 성도밖에 얻지 못했다. 더군다나 그 70명의 성도 중에 아드로게 지역 사람은 한 사람도 없었고 모두 외지 사람들이었다. 결국 아드로게 지역에선 단 한 사람도 그리스도인이 되지 못했다는 결론이다.

이 교회에 에두아르도 로렌조(Eduardo Lorenzo) 목사가 1974년도에 부임했다. 그는 교회 성장 원리를 열정적으로 적용시켜 1987년까지 13년 동안 70명의 성도를 250명 이상으로 부흥시켰다. 물론 아드로게 지역 신자는 한 사람도 없었다.

그런데 1987년에 놀라운 성장이 일어나기 시작했다. 1990년도에 그 교회를 방문했을 때 600명의 성도가 있었고 2천 명을 수용할 수 있는 성전을 건축하고 있었다. 그런데 1991년 중반에 1천 명의 성도가 돌파되었다. 그리고 로렌조 목사는 1993년까지 2천 명을 반드시 돌파할 것이라고 선언했다.

그러면 1987년에 어떤 일이 일어났을까? 평범했던 전도를 무엇이 효과적으로 만들었을까? 그것은 전략적 수준의 영적 싸움을 일선에 적용했기 때문이다. 처음에는 로렌조 목사도 영적 싸움에 대해서는 아는 바가 없었다. 그를 가르친 신학교 교수 중에 오순절주의자들도 있긴 했지만, 경건을 강조하는 침례교인으로서는 한계를 가지고 있었다. 그 때문에 로렌조 목사가 전도의 어려움을 극복하고 영적 싸움을 이해하기까지 여러 해가 걸렸다.

마귀와의 직접적인 대면

1980년대 초 로렌조 목사는 귀신 들린 여자와 대면하게 되었다. 어색했지만 로렌조 목사는 예수의 이름으로 귀신을 꾸짖었다. 그런데 놀랍게도 귀신은 쫓겨 나갔고 그 여인은 치료되었다. 이 사건으로 로렌조 목사는 귀신 쫓는 사역에 관심을 갖기 시작했다. 그때 어떤 성도가 미국을 여행한 후에 돌아와서 영적 싸움에 관해 배운 것을 간증하게 되었다. 이에 로렌조 목사는 교회에서 영적 싸움에 대한 세미나를 시작했다. 처음에는 해외 십자군 선교회(Overseas Crusades)의 에드 머피(Ed Murphy)가 인도했고, 두 번째는 캐나다의 존 화이트(John White) 박사가 인도했다. 이 두 번의 세미나는 성도들을 새롭게 한 계기가 되었다.

곧 영적 싸움은 본격화되었다. 사탄이 적극적인 공격을 시작한 것이다. 그리스도인으로 가장한 한 여인이 아드로게 지역을 장악하고 있는 귀신의 대리인으로 활약하기 시작했다. 악령들은 예배 시간에 공공연히 자신의 정체를 드러내기 시작했다. 사탄의 공격은 거세지기 시작했다. 로렌조 목사는 말했다.

"사탄은 이 작은 침례교회가 제자리에 있기를 원했습니다. 사탄은 아드로게 지역의 불신자들의 마음을 어둡게 해서 복음을 거부하게 했습니다. 또한 지난 수년간 다른 교회들의 문을 닫도록 만들었습니다. 이제 우리 차례가 되어 공격을 받게 된 것이지요."

기도와 전도와 영 분별을 통해서 로렌조 목사와 성도들은 마침내 아드로게를 점령하고 있는 귀신의 정체를 알아냈다. 그리고 그 지역 귀신들의 이름까지도 밝혀냈다. 최대의 치열한 싸움을 예상한 로렌조 목사 팀은 35~40명의 성도를 모아 일주일 내내 금식하도록 선포했다. 금요일 밤에는 전체 교인 2백여 명이 모여 전략적 수준의 중보기도에 들어갔다. 도시를 점령하고 있는 악한 영들보다 더 위대한 권세를 행사하기 시작한 것이다.

그날 밤 11시 45분쯤, 그들은 영적으로 무엇인가 파괴되는 것을 느낄 수 있었다. 싸움이 끝났다는 것을 알게 되었다. 악령은 떠나갔고 교회는 성장하기 시작했다. 순식간에 교인의 수가 세 배로 증가했고, 교회 성도의 40퍼센트는 아드로게 지역의 주민들이었다.

이렇게 1987년은 위대한 승리의 해였다.

아르헨티나의 퇴보

아드로게에서 일어난 일은 10년 전인 1977년에는 없었던 일이었다. 아르헨티나는 우루과이나 베네수엘라와 함께 남미에서 가장 복음화가 안 된 지역이었다. 아르헨티나는 복음에 무관심하거나 저항적이었다. 1950년대 초의 토미 힉스(Tommy Hicks) 전도 집회의 놀라운 결과를 제외하고는 거의 복음주의 운동이 질식 상태에 있었다.

그러나 1982년 영국과의 포클랜드 전쟁과 함께 아르헨티나에 새로운 변화가 일어나기 시작했다. 전쟁에서 영국이 승리한 사건은 남미에서 가장 자존심이 강한 아르헨티나의 사회 심리학적인 변화를 초래했다. 민족적 자존심이 산산이 부서졌기 때문이다. 많은 사람들이 절망에 사로잡혔다. 교회도 도울 수 없었고, 군대나 정부도 그들을 어떻게 할 수가 없었다. 무언가 새로운 것이 나타나 주기만을 기다리고 있었다.

아르헨티나의 자존심은 사실 1982년 이전부터 심각하게 위협을 받아 왔다. 한때 세계 10대 부국 중의 하나였고 남부 유럽보다 높은 생활수준을 영위하던 아르헨티나는 그때만 해도 남미의 보석으로 불렸다. 후안 도밍고 페론(Juan Domingo Peron) 수상은 1950~1960년대에 그 인기가 절정에 달했다. 그러나 1970년대 초부터 영향력이 감소하자 페론은 엘 브루호(el brujo)라고도 하는 강력한 주술가인 호세 로페즈 레가(Jose Lopez Rega)와 손을 잡기 시작했다. 주술가 레가는 페론 시절에는 사회후생부 장관을 역임했고, 페론 사망 이후에는 페론의 세 번째 부인인 이사벨 페론 대통령 시절 2년간 수석 보좌관으로 일했다. 그는 광장에 마법의 탑을 세웠고, 1976년 군사 쿠데타에 의해 권력을 빼앗겼을 당시에는 드러내 놓고 국가에 대한 저주를 퍼부었다고 한다.

아르헨티나를 덮고 있던 정사와 권세자들은 세계에서 가장 아름다운 이 나라를 도둑질하고 죽이고 멸망시키는 일을 사명으로 알고 행했다. 브라질로부터 강신술이 유입되어 온 나라에 범람하기 시작했다. 군사 정권하에서 수천, 수만 명의 사람들이 정치범으로 몰려 흔적 없이 사라졌고, 몇 년 후에는 그들의 시체가 공동묘지에서 대규모로 발굴되었다. 한때 세계 10대의 경제 부국이 오히려 세계 10대의 빈국으로 전락하고 말았던 것이다.

이러한 사실은 이 나라가 천국 복음을 위해 무르익었다는 것을 의미한다. 영적 진공 상태와 비참한 사회적 상황이 많은 사람들로 하여금 좀 더 나아지도록 어떤 변화를 갈망하게 한 것이다. 미신은 생활화되었고 주술 상품은 길거리마다 가게에 널려 있었으며, 모르몬교와 같은 사이비 종파가 활개를 치게 되었다. 지금도 거대하고 화려한 모르몬교 사원이 공항에서 수도로 가는 고속도로 변에 우뚝 솟아 있다. 〈소모스〉(Somos Magazine)라는 잡지에 따르면, 1989년부터 1999년까지 아르헨티나 대통령을 역임했던 카를로스 메넴(Carlos Menem)은 28년 동안이나 일다 에벨리아(Ilda Evelia)라는 '개인 마녀'를 비서로 두고 정기적으로 자문을 구하고 있다고 했다. 어느 고위 관리도 〈소모스〉 잡지에서 "우리 대부분이 마녀들에게 자문을 구하고 있는 것이 사실이며, 그런 일을 자주 행하고 있는 실정이다"라고 고백했다고 한다.

영적인 생명력

아직도 아르헨티나의 수많은 사람들이 어둠의 세력에 의해 고통을 당하고 있지만, 그리스도의 복음의 빛은 그 어느 때보다도 강하게 비추고 있다. 하나님은 탁월한 교회 지도자들을 세우셔서 아르헨티나의 "눈을 뜨게 하여 어둠에서 빛으로, 사탄의 권세에서 하나님께로 돌아오게 하고 죄 사함과 나를 믿어 거룩하게 된 무리 가운데서 기업을 얻게 하리라"는 말씀을 행하신 것이다(행 26:18).

미국 하나님의성회의 해외 선교부장인 필립 호간(J. Philip Hogan) 목사는 오랜 기간 아르헨티나에 여러 차례에 걸쳐 머물렀던 사람이다. 그는 이 나라에 놀라운 일이 일어나고 있다며 다음과 같이 말했다: "아르헨티나는 지금 역사상 들어 보지 못한 부흥이 일어나고 있습니다. 성도들이 너무 많이 몰려와서 예배당의 의자를 밖으로 끌어내야 할 정도로 교회가 성장하고 있습니다."[1)]

아르헨티나의 교회 지도자 중에 한 사람인 에드 실보소(Ed Silvoso) 목사는, 1987년에 아르헨티나의 교회가 과거 100년 동안보다도 최근의 4년간 더 큰 성장이 일어나고 있다고 말한다.[2)]

그가 말하는 '4년'이란 라플라타(La Plata)에서 카를로스 아나콘디아(Carlos Annacondia) 부흥사가 처음으로 대형 전도 집회를 열었던 1984년부터 시작된다. 많은 사람들이 이 해를 아르헨티나에 영적 생명력이 폭포수처럼 쏟아지게 된 출발점으로 보고 있다.

카를로스 아나콘디아

부흥사로 부름받기 전 아나콘디아는 부에노스아이레스의 인근 지역인 킬메스에서 나사 공장을 경영하는 그리스도인 실업가였다. 그가 처음으로 집회하던 날이 포클랜드 전쟁에서 영국군이 아르헨티나의 전함인 헤네랄 벨그라노(General Belgrano)호를 격침하던 날과 같은 날이라는 사실은 우연이 아닌 것 같다. 그때 아나콘디아는 여덟 명의 자녀를 둔 37세의 가장이었다.

아나콘디아의 사역을 지켜본 나는 하나의 가설을 세울 수 있었다. 그것은 물론 라인하르트 본케(Reinhard Bonnke)나 빌리 그레이엄(Billy Graham)과 같은 위대한 인물이 없지 않지만, 아나콘디아야말로 역사상 가장 효과적인 전도자라는 점이다. 왜냐하면 그 어떤 부흥사보다도 아나콘디아의 사역은 그 사역에 동참하는 교회의 성장률을 증가시키는 데 가장 효과적이었기 때문이다. 예를 들어, 라플라타 시에서 알베르토 스카타글리니(Alberto Scataglini) 목사가 목회하는 하나님의성회의 디아고날 교회는 '아나콘디아의 집회 후에' 3년간 5백 명에서 2천5백 명으로 다섯 배의 성장을 기록했다. 이 교회는 몰려오는 성도들을 다 수용할 수가 없어서 농구장을 빌려 예배를 드리고 있었다. 알베르토 프로콥추크(Alberto Prokopchuk) 목사의 로스 올리보스 침례교회도 같은 기간 내에 2백 명에서 1천6백 명으로 여덟 배의 성장을 기록했다.

아르헨티나를 방문했을 당시 각각 다른 도시에서 목회하는 네 명의 목사를 만났는데, 그들은 한결같이 네 도시의 경향이 '아나콘디아 후'에 놀랍게 달라졌다고 말했다. 나는 20년 이상 도시 집회를 연구해 왔지만, 이렇게 한 사람의 부흥사 때문에 지속적으로 성장하는 교회에 관한 간증을 듣기는 처음이었다. 스카타글리니 목사는 아나콘디아에 대해서 다음과 같이 말했다.

"아나콘디아는 그의 사역 자체를 전달해 주었습니다. 그는 보통 사람들과 달랐습니다. 가는 곳마다 기름부음이 전달되는 것을 느낍니다. 이전에 접했던 어떤 부흥사들과도 달랐습니다. 전에는 부흥사가 집회를 끝내고 떠나면 그 능력과 부흥도 사라지기 일쑤였는데, 이번의 경우에는 전혀 달랐습니다."[3]

전투적 기도

아나콘디아가 다른 점은 무엇일까? 그것은 바로 전투적 기도다. 나의 친구 에드 실보소도 여기에 동의한다. 그의 말을 들어 보면 이러하다: "아나콘디아와 그의 동료들은 전도를 영적인 싸움으로 강조합니다. 즉 영적인 싸움이란 정사와 권세에 대항하고 복음을 단지 선포하는 것 이상이며, 불신자들을 사로잡고 있는 영적 감옥의 간수인 사탄에게 선전포고를 하는 것입니다. 여기에서 기도는 가장 강력한 무기입니다. 전도자들은 전도하기 전에 먼저 그 도시 전체를 위해 기도합니다. 그 지역을 덮고 있는 영적 권세자들이 묶임을 받았다고 느낄 때까지 기도하고, 그 후에 비로소 복음을 전파하는 것입니다."[4]

아나콘디아의 전도 특공대는 정교하면서도 대규모적인 축귀 사역을 감당하고 있다. 성령으로 충만한 파블로 보타리(Pablo Bottari) 목사의 인도하에 열리는 30일에서 50일 동안 계속되는 전도 집회에서는 문자 그대로 수천 명의 사람들이 매일 사탄으로부터 해방되고 있다. 집회장 뒤에는 150피트, 즉 45미터나 되는 천막을 치고 매일 저녁 8시부터 다음 날 새벽 4시까지 귀신 쫓는 사역을 행하고 있다. 아나콘디아는 그 천막을 '영적 중환자실'(spiritual intensive care unit)이라고 부른다. 이곳에서는 보타리 목사에게 귀신 쫓는 기도를 훈련받는 특공대가 귀신 들린 사람을 위해 집중적으로 기도한다.

아나콘디아처럼 공적으로 악한 영을 대적하며 싸우는 부흥사를 나는 알지 못한다. 그는 정력적이고 우렁찬 목소리와 공격적인 자세로 쫓겨 나갈 때까지 귀신을 꾸짖는다. 불신자들의 눈에는 공터에서 특공대들에 의해 벌어지는 이 같은 모습이 완전히 미친 것으로 보일 것이다. 그러나 서른한 개나 되는 아나콘디아 전도 특공대들에게는 예수 그리스도의 능력으로 사탄을 묶고 승리하는 것이 모두 눈에 보이는 기도의 자리일 뿐이다.

이러한 집회에서의 능력은 실로 대단한 것이다. 많은 기적이 일어났다. 예를 들어, 치아가 새로 나고 교정이 필요한 이들은 온전한 이로 변하는 등 치과적인 기적이 일어났다. 너무 많은 기적 때문에 최소한 두 개 이상의 이가 채워지거나 교체된 기적을 체험한 사람만이 간증할 수 있을 정도였다. 어떤 난쟁이병을 앓던 사람은 순식간에 15인치나 키가 커진 것으로 보고되기도 했다.

집회 장소 곁을 지나가던 사람들이 성령의 능력으로 길바닥에 쓰러지기도 했다. 산티아고델에스테로(Santiago del Estero) 시에서는 어떤 무당이 이 집회를 방해하기 위해 제의적인 행렬을 동원한 적도 있었다. 그러나 그들이 도착하자 장정 네 명이 들고 가던 사제의 가장 아끼는 처녀상이 성령의 능력으로 땅에 떨어지면서 산산조각이 나고 말았다. 그 장정 중에 두 사람은 그날 밤 병원에 입원해야 했고, 나머지 두 사람도 아나콘디아의 귀신 쫓는 천막으로 보내져야 했다.

이것이 바로 전투적 기도의 모습이다. 성령이 인도하시는 기도는 치료와 자유와 구원, 거룩, 가난한 자와 억눌린 자에 대한 사랑 그리고 성령의 열매와 같은 하나님 나라의 축복이 이 땅 위에 임하도록 역사하신다. 무엇보다도 하나님이 영광과 찬양을 받으시게 되는 것이다.

영적 싸움터를 향해서

앞에서 언급한 것처럼 나는 전투적 기도 자체를 목적으로 삼지 않는다. 나는 실용적인 사람이다. 나의 주된 관심사는 아나콘디아의 사역처럼 효과적인 전도를 위한 전투적 기도다. 나는 아내와 함께 아르헨티나의 레지스텐시아(Resistencia) 시에서 있었던 영적 싸움의 현장에 가 본 적이 있었다.

> 나는 전투적 기도 자체를 목적으로 삼지 않는다. 나의 주된 관심사는 효과적인 전도를 위한 전투적 기도다.

에드 실보소는 세계적인 전도자다. 그는 몇 해 전에 부름을 받았다. 그러나 그는 실망할 수밖에 없었다. 그리스도를 영접한 결신자의 3~16퍼센트만이 교회에 등록한다는 보고를 받았기 때문이다. 전도 집회 후에 괄목할 만한 교회 성장을 이루었다는 보고가 단 한 건도 없었다. 그는 무엇인가 더 좋은 방법이 있을 것이라고 생각했다.

실보소는 풀러신학교에서 교회성장학을 공부했고, 그것을 로사리오 계획(Plan Rosario)이라는 이름의 도시 전도 전략으로 발전시켰다. 그는 처남인 루이스 팔라우(Luis Palau)와 함께 팀을 결성해서 1976년 실험에 들어갔다. 그 결과 과거의 16퍼센트 이하의 정착률이 47퍼센트로 오르게 되었다. 결신자 수에만 집착하지 않고 제자화에 목표를 두고 새로운 교회를 개척한 것이 주요한 변화였다.[5] 2년 후 실보소와 팔라우는 우루과이에서도 같은 전략을 실시한 결과 54퍼센트의 결신자 등록률을 얻을 수 있었다.

그 당시 실보소는 중증근무력증(myasthenia gravis)이라는 치명적인 희귀병에 걸렸다. 2년밖에 살 수 없다는 사형선고를 받은 것이다. 그러나 하나님은 중보자를 동원해서 기도하게 하셨고, 이로 말미암아 기적적으로 치료되었다. 이로 인해 실보소와 그의 아내 룻은 그 어느 때보다도 하나님에게 가까워질 수 있었고, 전도가 영적 싸움이라는 새로운 이해를 도입할 수 있었다.

메리길도의 멸망

실보소는 자신의 고향인 산 니콜라스로부터 반경 100마일을 잡고 그 안에 교회가 없는 109개의 도시와 마을을 찾아냈다. 조사 결과 초자연적인 주술을 가진 메리길도(Merigildo)라는 강력한 마술사가 그 지역에 복음이 들어오지 못하게 하고 있는 것을 알게 되었다. 실보소는 기도 특공대를 동원해서 진지한 전투적 기도를 시작했다. 예수 그리스도의 이름으로 그 지역을 에워쌌다. 예수 그리스도의 보혈의 능력으로 메리길도와 그의 제자들을 덮고 있는 흑암의 세력을 물리쳤다. 그리고 그 결과 흑암의 세력이 깨지기 시작했다. 후에 나는 실보소로부터 그곳 109개 지역 모두에 복음주의적 교회가 들어섰다는 보고를 받을 수 있었다.

레지스텐시아 계획

메리길도 체험 이후 실보소는 북부의 차코(Chaco) 지역에 위치한 레지스텐시아 시에 관심을 갖게 되었다. 레지스텐시아란 스페인어로서 '저항'이라는 뜻을 가진 단어다. 원래는 군사적 의미였지만 영적으로도 같은 의미로 적용되었다. 1990년 초에 그 도시는 전체 인구 40만 중에서 1.5퍼센트만이 기독교 신자였다.

1989년, 실보소는 측정 가능한 목표를 세우고 레지스텐시아 계획을 3년 동안 실행했다. 도시 복음화를 위해 교회성장학의 기술적인 방법론과 함께 영적 싸움을 강조했다. 실보소는 레지스텐시아 지역의 교회를 장악하고 있는 두 가지 귀신의 정체를 밝혀냈는데, 그것은 불화와 무관심의 영이었다. 그는 그의 동료들을 레지스텐시아로 이동시켜 1년 동안 영적 싸움과 지도자 훈련의 기초를 다지게 했다.

1990년 4월이 되자 큰 변화가 일어났다. 그 지역의 모든 목사들이 하나가 되어 이 계획에 동참하게 되었다. 평신도까지 합세해서 복음을 전하기 시작했다. 불화와 무관심의 세력들은 하나님의 능력으로 물러날 수밖에 없었다.

그때 실보소는 나를 초청해서 교회 성장 원리를 가르치게 했다. 내가 지도자들을 훈련시킬 때 아내는 도시의 영적 분위기를 파악하고 있었다. 내 아내 도리스가 발견한 것은 성도들이 전략적 수준의 영적 싸움과 전투적 기도에 대해서 모르고 있다는 점이다. 이것이 변화되지 않고는 복음 전도의 효과가 거의 없을 수밖에 없었다. 아내는 하나님이 변화를 원하고 계신다는 것을 느꼈던 것이다.

중보 사역 팀에 대한 요청

아내와 실보소는 전투적 기도에 탁월한 중보기도 팀 지도자인 신디 제이콥스(Cindy Jacobs)를 부르기로 결정했다. 1990년에 신디는 세 번이나 아르헨티나를 방문했다. 6월에는 부에노스아이레스와 레지스텐시아에서 수백 명의 목회자와 지도자들을 위해서 세미나를 인도했다. 그때 아르헨티나 부흥의 선구자였던 마르파 카브레라와 그녀의 남편 오마르가 신디의 팀에 합세했다. 세미나 결과는 대단했다. 아르헨티나의 지도자들은 전략적 수준의 중보기도에 대해 알기 원했고, 즉시 실천하기로 마음먹었다.

하나님의 인도하심을 느낀 신디는 하나님의 소명을 받고 특별히 헌신하기를 원하는 사람들을 모았다. 부에노스아이레스의 광장에 80여 명의 사람이 모였다. 그들은 공중 권세 잡은 사악한 영들에 대항해서 집중적으로 5시간 동안 기도의 싸움을 벌였다. 로렌조 목사는 소그룹의 중보기도 팀을 인도했다.

무엇보다도 그들은 페론 정부 시절 유명했던 점술가 로페즈 레가의 사무실이 있는 사회복지부 건물에서 강신술의 영과 죽음의 영들이 있음을 느낄 수 있었다. 신디는 그곳에 오기 전부터 하나님의 나라가 전 국가를 덮고 있는 악령들에 대항해서 임할 것임을 알려 주어야 한다고 생각했었다.

기도를 마치고 광장을 떠날 때 그들은 승리를 확신할 수 있었다. 전투적 기도로 말미암아 아르헨티나를 덮고 있던 악령들이 약화되기 시작했다는 것을 느낄 수 있었던 것이다.

레지스텐시아에 도착한 신디 일행은 오랫동안 그 도시를 덮고 있던 악령들의 이름을 밝혀내기 시작했다. 그중에서 가장 강력한 것은 죽음의 영인 산 라 무에르테(san la muerte)였다. 그 도시의 사람들은 산 라 무에르테 신상의 작은 뼈 모양을 피부나 가슴 아래쪽에 수술로 이식하면 평안히 죽음을 맞게 될 것이라고 믿고 있었다. 그 도시를 덮고 있는 허무와 절망의 정도는 상상을 넘는 것이었다.

또 다른 귀신은 폼베로(pombero)라는 불화와 분열의 영이었다. 이것은 특히 어린이들이 잠을 잘 때 공포감을 주는 귀신이었다. 쿠루피(curupi)라는 남성의 생식기 모양을 한 악령도 있었는데, 그것은 성도착증이나 근친상간을 조장하는 귀신이었다. 사이비 종파를 만들어 내는 천국의 여왕, 주술적 능력을 교묘하게 위장한 프리메이슨 정신도 있었다. 이런 악령들의 활동은 주로 점치고, 마술을 행하고, 뱀 모양의 상징을 갖는 것이 공통점이었다.

놀라운 것은, 이러한 악령의 모습이 도시 중앙 광장에 있는 대형 민속 벽화에 새겨져 있다는 것이다. 신디가 목회자 세미나를 인도하고 있는 동안 70여 개의 중보기도 그룹들은 그 광장에 가서 최전선의 영적 싸움을 시작했다. 악한 권세로 말미암은 죄를 회개하고 자백한 후 다섯 시간에 걸쳐 기도를 드렸다. 그러자 하나님이 악한 영들을 다 파하셨다는 확신이 넘쳐나게 되었다. 그리고 여섯 시간 후에 그들은 한목소리로 하나님을 찬양하고 승리를 외칠 수 있었다.

지속적인 열매

그 후에 어떻게 되었을까?

전도를 위한 레지스텐시아 계획은 1990년 8월과 10월에 도시 전체를 복음화하는 전도 계획으로 준비되어졌다. 실보소는 일단의 기도 특공대가 중앙 광장에서 기도했던 4월 이후 그 도시에 있는 교회들이 급성장하기 시작했다고 보고했다. 한 집회에서는 250명이 세례를 받았고, 약 1,700명이나 되는 사람들이 참석한 어느 집회에서는 사탄 숭배와 마술을 위해 사용되던 물건들이 약 210리터들이 드럼통에 담겨 불태워졌다. 레지스텐시아 시의 시장도 예수를 믿기로 작정했고, 수백 명의 병든 자와 귀신 들린 자들이 치료를 받았다고 보고되었다. 그리고 최소한 열여덟 개의 새로운 교회가 개척되었다.

또 가장 놀라운 사실은, 1990년 한 해 동안 그 시의 결신자 수가 두 배로 증가한 것이다. 이것은 전투적 기도가 전도의 열매를 위해서 얼마나 직접적인 효과를 발휘했는지를 말해 준다. 이 도시의 지역 귀신이 약화되었다는 증거는 죽음의 영인 산 라 무에르테를 우상으로 섬기던 여 사제의 비극적인 운명으로 확실해졌다. 10월의 전도 집회가 시작되기 바로 2주 전에 여 사제의 침대가 불에 타는 사고가 발생했다. 놀랍게도 불길은 단지 여 사제의 침대와 여 사제, 그리고 산 라 무에르테 신상만을 골라서 태웠다.

산 라 무에르테는 그의 추종자들에게 편안한 죽음을 약속했지만 그 약속 대신에 거짓의 아비인 사탄이 죽게 될 모습으로 끝장이 나고 만 것이다.

〈토의할 문제〉

1. 영적 싸움의 수준을 다시 생각해 보고 각 수준의 싸움에 대한 경험이나 지식이 있으면 나누라.
2. 영적 싸움 자체는 목적이 될 수 없다는 말에 동의하는가? 이에 대해 토론하라.
3. 로렌조 목사가 지역 귀신을 내쫓을 때 그 귀신들의 이름을 밝혀냈는데, 당신은 이러한 것이 왜 그리고 얼마나 중요하다고 생각하는가?
4. 아나콘디아의 집회에 대해서 토론하고 당신이 살고 있는 도시에서 이런 집회가 열린다면 어떤 모습이 될 것인지 생각해 보라.
5. 레지스텐시아 광장에서 있었던 다섯 시간에 걸친 영적 싸움의

결과 공중 권세 잡은 악령들에게 어떤 일이 일어났다고 생각하는가?

제2장

진짜 싸움은 영적이다

The Real Battle is Spiritual

C. PETER WAGNER

대부분의 그리스도인들에게 전투적 기도란 생소한 개념이다. 전통적인 사람들은 이에 대해 의문을 제기할지도 모른다. 미국뿐 아니라 아르헨티나의 목회자들도 영적 싸움에 대한 신학적 그리고 실제적 문제들로 인해 어려움이 있어 왔다.

아나콘디아로부터 배운 교훈
나는 아르헨티나 라플라타의 로스 올리보스 침례교회 담임목사인 알베르토 프로콥추크와 교제한 것을 매우 큰 기쁨으로 여기고 있는데, 그것은 내가 그의 배경을 잘 알고 있었기 때문이다. 그의 침례교식 목회 훈련 과정에는 영적 싸움이라는 요소가 없었다. 그의 교회도 미국의 전통적인 교회와 별로 다를 바가 없었다. 즉 경건하고 성경적인 교회였고, 도덕적인 수준이 높았으며, 교인들은 기도와 예배와 십일조를 지켰고, 기회가 있을 때마다 이웃에 복음을 증거하는 교회였다. 그러나 그럼에도 불구하고 교회는 성장하지 않았다. 알베르토 목사의 목회하에 교회는 여러 해가 지났지만 30여 명에 머무를 뿐이었다.

그럴 때 카를로스 아나콘디아가 라플라타에 집회를 인도하러 온 것이다. 알베르토와 로스 올리보스 침례교회 성도들 모두가 이 집회에 참석하기로 했다. 매일 밤 그들은 아나콘디아의 전투적 기도에 대해 말씀을 들었다. 수많은 사람들이 병 고침을 받고 귀신으로부터 놓임을 받았을 뿐만 아니라, 5만 명 이상의 불신자들이 결신하는 것을 보고 그들은 깊은 감동을 받았다. 이러한 일은 이전에 그 도시 어느 곳에서도 찾아볼 수 없는 광경이었다.

아나콘디아의 사역을 전통적인 침례교회에 적용하는 것은 물론 쉬운 일이 아니었다. 그러나 침례교인들이 이전부터 알고 있었던 사실은, 복음이 전해져야 한다는 것이었다. 이 사실을 알고 있는 성도들이 알베르토 목사에게 로스 올리보스 교회에도 이와 같은 전도 집회를 열게 해 달라고 요청했다. 그러나 알베르토는 준비가 되어 있지 않았다: "나는 전도의 은사가 없습니다. 전도 부흥사를 초청하는 것이 낫지 않을까요?" 그러나 성도들은 "아닙니다. 한번 해 보시지요. 목사님은 설교를 하십시오. 우리는 목사님에게 은사가 임하도록 기도하겠습니다"라고 설득했다.

마음에 내키지 않았지만 어쩔 수가 없었다. 그들은 집회를 시작했고, 첫 예배를 드렸다. 알베르토 목사가 설교했지만 한 사람의 결신자도 나오지 않았다. 자신의 무능력에 괴로워하던 알베르토 목사의 마음속에 내적인 음성이 들렸다: "아나콘디아 목사가 하는 방식으로 해 보라." 반신반의하면서 알베르토는 다시 시작하기로 결심했다. 마귀를 대적하는 전투적 기도를 드리면서 아나콘디아가 하던 식으로 귀신들을 꾸짖었다. 예수 그리스도의 권세로 악한 영들을 묶고, 다시 결신자들을 초청했다. 그러자 이번에는 열다섯 명 이상 되는 사람들이 자리에서 일어나 강단으로 뛰어나와 그리스도를 구주로 영접했다.

이것이 계기가 되어, 로스 올리보스 교회는 30명의 성도에서 900명으로 성장하게 되었다. 뿐만 아니라 알베르토 목사는 인근에 지교회를 세워서 2,100명의 성도를 증가시켰다. 그의 지교회를 통한 전체 목표는 8년 안에 2만 명의 성도를 확보하는 것이다. 알베르토 목사는 아나콘디아 방식으로 성공한 것이다.

진짜 전쟁

알베르토가 배운 진리는, 전도란 곧 영적 전쟁이라는 사실이다. 내가 힘써 온 교회 성장 운동은 하나님의 축복으로 지역 교회와 세계 복음화에 큰 자극을 주어 왔다.

교회 성장 운동은 창시자인 도널드 맥가브란(Donald McGavran) 박사의 영향하에 1955년 이후 처음 25년 동안 교회 성장과 전도의 기술적 측면을 잘 개발해 왔고, 또 지금까지 광범위하게 사용되고 있다.

그러던 1980년 초, 우리 중의 일부는 교회 성장의 영적 차원에 대해서 관심을 갖기 시작했다. 물론 기술적인 면은 나쁜 것이고, 그렇기 때문에 기술적인 면을 영적인 것으로 대치하자는 것이 아니다. 기술적인 면이 교회와 선교에 대단히 유익한 것은 사실이다. 이것을 더욱 최선을 다해 개발하는 것이 우리의 사명이다.

그러나 우리가 새롭게 발견한 것은 영적인 전쟁에서 승리하지 않고 기술적인 면만 가지고는 미미한 영향밖에 미칠 수 없다는 사실이다. 그것은 마치 자동차가 아무리 완전하고 아름답게 제작되었을지라도 휘발유가 없으면 아무 쓸모가 없는 것과 마찬가지다. 전도와 교회 성장에서도 능력이라는 기름이 있어야 한다.

한 예로 미국 교회를 살펴보자. 1980년대에 미국에서는 대형 교회가 우후죽순처럼 생겨났다. 대부분의 주요 대도시에서 지금까지 보지 못하던 초대형 교회가 세워졌다. 수많은 교회 성장 세미나와 자료들이 공개되었다. 기독교 기관과 학교, 매스미디어들의 증가도 굉장했다. 그러나 겉으로는 미국 기독교가 크게 부흥한 것처럼 보였지만 실제로는 그렇지 못했다. 80년대 말에도 교회 출석 성도는 80년대 초와 다를 바가 없었고, 오히려 개신교 교회의 성도 수는 감소한 상태였다.

나는 하나님이 우리가 앞으로 수년 동안 우리나라를 복음화 할 수 있는 더 나은 일을 하기를 바라신다고 믿는다. 그러나 그 일은 진짜 싸움이 영적 전쟁이라는 사실을 깨달을 때에야 비로소 가능할 것이다.

> 나는 하나님이 우리가 앞으로 수년 동안 우리나라를 복음화할 수 있는 더 나은 일을 하기를 바라신다고 믿는다. 그러나 그 일은 진짜 싸움이 영적 전쟁이라는 사실을 깨달을 때에야 비로소 가능할 것이다.

전쟁에 관한 교훈

1980년경 교회 성장의 영적 차원에 대한 관심을 가지기 시작할 때 나는 존 윔버 목사로 인해 능력 전도에 대해 알게 되었다. 능력 전도와 함께 기도에 대해 관심을 가지기 시작했는데, 그 당시 기도가 전도에 얼마나 효과적인가에 대해서는 전혀 알지 못했다.

1988년에 나온 「제3의 바람」은 기사와 표적에 대해 다룬 책이다. 그 전에 기도에 대해 연구하고 가르치기도 했으나 기도가 진짜 영적 전쟁이라는 사실을 확실하게 배운 것은 1989년 여름 마닐라에서 있었던 세계 복음화 로잔회의 이후였다. 그때까지 깨달은 것이 두 가지인데, 기도가 많을수록 전도가 효과적이라는 사실과 하나님은 교회를 통해 강력한 중보기도 사역자를 세우신다는 것이었다.

나는 국제 로잔회의의 실행위원이었기 때문에 이러한 새로운 깨달음을 제2차 로잔회의에서 종합할 수 있는 입장에 놓여 있었다. 그때 하나님은 30~50명 이상의 중보기도자를 선발해서 파송할 것을 나에게 명하셨다. 그들을 로잔회의가 열리는 시민회관 건너편의 필리핀 프라자호텔에 묵게 해서 회의가 진행되는 동안, 24시간 내내 기도하게 할 것을 말씀하신 것이다. 이러한 하나님의 지시에 로잔회의 지도자들은 공감했고 대학생선교회의 벤 제닝스(Ben Jennings)에게 팀을 구성하도록 부탁했다. 제닝스는 50명의 중보자들을 모아 훌륭하게 임무를 완수함으로 우리의 기대를 충족시켜 주었다.

마닐라 중보기도 팀을 통해서 하나님은 '세계 복음화' 란 무엇인가 하는 근본적인 문제에 대해 확실하게 보여 주셨다. 나는 그것을 '살아 있는 비유'(Living Parable)라고 말하는데, 이 생생한 예화를 말하기 전에 먼저 설명해야 할 사실이 있다.

세 겹 줄

1989년 봄에 나는 영적 전쟁과 함께 예언 사역에 대해 연구하고 있었다. 사실 처음에는 존 윔버, 신디 제이콥스, 폴 캐인 등을 다소 의심했었다. 그러나 이들은 나로 하여금 새로운 분야에 대해 깨닫게 해 준 사람들이다. 예언이야말로 중대하고 분명한 하나님의 일이기 때문이다.

1989년 초여름, 존 윔버는 딕 밀스(Dick Mills)라는 사람이 전화로 예언을 할 테니 유념하라고 당부했다. 그 당시 나는 딕 밀스라는 사람의 이름조차 알지 못했기에 당황했지만, 존 윔버는 아무 문제가 없을 것이라고 말했다. 나중에 신디 제이콥스에게 들은 이야기지만 딕 밀스가 전화로 예언하는 경우는 거의 없었다고 한다. 공교롭게도 딕 밀스가 내게 전화를 주던 날 신디는 우리 집에 머무르고 있었다.

내가 받은 예언은 전도서 4장 12절의 "세 겹 줄은 쉽게 끊어지지 아니하느니라"는 말씀이었는데, 훗날의 마닐라 체험과 연결된 것이었다. 딕 밀스는 내가 앞으로 세 겹 줄을 연결하는 촉매로 쓰임받을 것이라고 예언했다. 여기서 세 겹 줄이란 복음주의자들, 오순절주의자들 그리고 자유주의자들을 의미한다.

제2차 로잔회의는 보수주의와 오순절주의를 연결하는 역할을 했다. 1974년의 1차 로잔회의는 오순절주의나 은사주의자들이 참석하는 정도였지 어떤 두각을 나타내지는 않았으나 15년 후의 2차 로잔회의에서는 경우가 달랐다. 2차 로잔회의 참석자의 절반 이상이 오순절 운동을 하는 사람들이었다.

그 당시 중보기도 팀으로 모인 사람들은 절반이 복음주의자였고 나머지 절반이 오순절주의자 혹은 은사주의자들이었다. 이러한 일로 두 그룹이 혼합된 것은 처음 있는 일이었다. 은사주의자들은 '이 복음주의자들이 정말 기도를 제대로 드릴까?'라고 의심하는 반면, 복음주의자들은 '은사주의자들이 소리나 지르고 마룻바닥에 뒹구는 것이 과연 진실한 것일까?'라고 의아해했을 것이다. 그러나 놀란 사실은, 기도를 함께 시작했을 때 두 그룹이 별로 큰 차이가 없었다는 점이다. 그들이 함께 하나님의 보좌에 나아갔을 때 그들은 같은 것을 말하고 듣고 있었던 것이다. 복음주의자들은 오순절주의자들을 격려했고, 오순절주의자들 또한 복음주의자들을 위로했다. 하나님의 두 줄이 하나가 된 것이다.

생생한 간증

하나님의 징표 중에 가장 감동적이었던 사건은 필리핀 프라자 호텔의 기도실에서 중보기도 팀들이 서로 만났던 첫째 날에 일어났다. 그날은 가장 큰 회의가 열리는 바로 그 전날이었는데, 하나님은 복음화를 위한 진정한 싸움이 영적인 전쟁이라는 사실을 우리에게 단 한 번의 사건으로 생생하게 보여 주신 것이다.

당시 호텔의 큰 방에 50명의 중보자들이 둥그렇게 앉아 있었다. 그들은 열두 나라에서 모였으며 북미에서 온 사람들이 가장 많았다. 그중에 열 명은 필리핀 사람들이었다. 나와 아내는 중보 팀은 아니었지만 우리가 제안한 일이었기 때문에 같이 참여하도록 초청을 받았다.

처음에는 자연스럽게 자기소개를 했다. 절반 정도 소개가 끝났을 때 후안나 프란시스코라는 50대 중반의 필리핀 여자가 중보기도에 대한 자신의 경험을 말하면서 소개를 하고 있었다. 그런데 소개가 끝난 2, 3분 후에 그 여자가 갑자기 천식과 발작을 일으키며 괴로워하기 시작했다. 얼굴이 창백해지며 비명을 질렀다. 모든 사람들이 당황하는 상황이었다.

우선 두 남자가 후안나를 데리고 호텔 복도로 나갔다. 그 복도 바로 앞에는 대학생선교회의 빌 브라이트(Bill Bright) 박사 부부가 묵고 있었으므로 그 방에 후안나를 눕혀 놓았다. 마침 필리핀 중보 팀 중에 의사가 있어서 후안나를 살펴보기 위해 나갔다. 후안나가 의학적 처방을 받았다는 소식에 안도하면서 중보자들은 두세 명이 그녀의 치유를 위해 기도하고 나머지는 계속해서 자기소개하는 일을 진행했다.

우리가 거의 소개를 마쳤을 무렵, 갑자기 누군가가 문을 열고는 "혹시 차를 가지신 분이 있나요? 위급한 상황입니다. 빨리 그녀를 병원으로 옮겨야 해요. 의사의 말은 그녀가 죽어 가고 있답니다"라고 소리쳤다. 그러자 두 여자가 자리를 박차고 나가 방으로 뛰어 들어갔다. 한 여자는 레이튼 포드(Leighton Ford) 목사를 위한 중보자로서 장로교인인 복음주의자 메리 랜스 시스크(Mary Lance Sisk)였고, 다른 여자는 오순절주의자인 신디 제이콥스였다.

부두교 귀신(Voodoo spirit)

복도에서 메리와 신디는 서로 눈을 마주치면서 하나님이 두 사람에게 같은 메시지를 주셨음을 감지했다. 하나님이 후안나 프란시스코의 발작이 부두교 귀신 때문이었음을 두 사람에게 알려 주신 것이다. 필리핀의 부두교는 중보기도 팀에게 비난을 해 왔었는데, 마치 욥에게 고난을 허락하신 것처럼 부두교의 고통의 영을 중보기도자들에게 접근하도록 하나님이 허락하신 것이다. 메리와 신디는 서로 손을 잡고 성령 안에서 하나가 되어 전투적 기도를 드리며 예수 그리스도의 이름으로 사탄의 권세를 깨뜨리기 시작했다.

바로 그때 무슨 일이 일어났는지를 전혀 모르는 빌 브라이트 박사가 엘리베이터에서 내려 그의 방으로 들어왔다. 자신의 침대에서 낯선 필리핀 여자가 숨을 헐떡거리며 생사의 기로에 처한 것을 본 브라이트 박사는 반사적으로 손을 얹고 치료를 위해 기도하기 시작했다. 이들의 기도를 받은 후안나 프란시스코는 비로소 눈을 뜨고 호흡이 정상으로 돌아오게 되었다. 위기가 지나간 것이다.

그때까지 나와 아내는 복도에 나와 있었다. 빌 브라이트 박사가 그의 방에서 나오면서 말했다: "우리에게는 많은 능력이 있습니다. 그 능력을 더욱 자주 사용해야 할 것입니다!"

하나님은 우리에게 무엇을 보여 주시는가

하나님은 이 생생한 간증을 통해 우리에게 교훈을 보여 주셨다. 전 세계 200여 나라에서 4,500명의 지도자들이 모여 주님을 알지 못하는 30억의 복음화를 위한 전략을 연구하는 이 모임에서, 하나님은 우리 사명의 참된 속성을 알기 원하셨던 것이다. 이 사건을 통해 깨달은 교훈은 다음의 세 가지다.

첫 번째, 세계 복음화는 생사의 문제다. 후안나 프란시스코는 죽을 뻔했다. 영적으로 전 세계 30억의 사람들이 지옥으로 떨어지는 죽음에 놓여 있다. 후안나가 죽었다면 천국에 갔을 것이다. 사실 영적 위기는 육체적 위기보다 훨씬 더 심각하다. 불신자들은 죽으면 천국에 갈 수 없기 때문이다.

두 번째, 세계 복음화의 열쇠는 하나님의 음성을 듣고 순종하는 것이다. 메리와 신디는 둘 다 즉각적으로 하나님으로부터 음성을 들었다. 중보기도자들이었기 때문에 하나님의 음성을 쉽게 분별할 수 있었다. 두 사람이 같은 시간에 동일한 음성을 들었다는 것은 하나님의 정확한 계시를 확증해 준다. 그러나 하나님의 음성을 듣는 것은 첫 걸음에 불과하다. 그 다음에 할 일은 순종하는 용기를 갖는 것이다. 그들은 하나님이 저주가 떠나기를 원하신다는 것을 알았기 때문에 곧 실행에 옮겼는데, 그것은 그들이 평소에 순종하던 일이었을 것이다. 예수의 이름으로 영적인 싸움에서 반드시 승리할 것을 조금도 의심하지 않았던 것이다.

세 번째, 하나님은 세계 복음화를 위해 모든 교회를 사용하신다. 복음주의자들만으로 세계 복음화가 이루어질 수는 없다. 그렇다고 오순절주의자들만으로도 불가능하다. 그렇기 때문에 하나님은 복음주의자들과 오순절주의자들을 한 자리에 만나게 하시고 영적인 전쟁에 동참하게 하신 것이다. 이것을 확증하기 위해, 하나님은 로잔 운동의 가장 대표적인 복음주의자 중의 한 사람인 빌 브라이트 박사를 택하셔서 치유를 위해 함께 기도하게 하시고 하나님이 살리신 장면을 보게 하신 것이다.

지역 귀신

마닐라에서 열린 제2차 로잔회의 이전 시대에는 세계 복음화 사역에 있어서 지역 귀신의 역사가 미치는 영향에 대해 복음주의자들 가운데서는 전혀 언급이 없었고, 사실 오순절주의자나 은사주의자들에게조차도 생소한 것이었다. 마닐라회의에서는 다섯 팀의 워크숍에서 지역 귀신과 전략적 수준의 중보기도에 관한 토의가 있었다. 아르헨티나의 오마르 카브레라와 에드 실보소, 코스타리카의 리타 카베자스(Rita Cabezas) 그리고 미국의 톰 화이트(Tom White)와 내가 이 문제들을 제안했다. 이 워크숍은 기대 이상이었으며, 나는 그 모임이 끝나기 전에 하나님이 이 분야에 관해 더 연구하기를 원하신다는 것을 깨달았다.

월드비전(World Vision)의 존 롭(John Robb)은 미국에서 전략적 수준의 영적 싸움에 대한 지식을 가지고 있는 사람들을 동원하는 데 앞장섰다. 나도 이 행사의 진행자로 일했는데, 1990년 2월 12일, 캘리포니아의 패서디나에서 첫 모임을 가졌을 때 참석한 사람은 래리 리, 게리 클라크(Gary Clark), 존 도우슨(John Dawson), 신디 제이콥스, 딕 버널(Dick Bernal), 에드 실보소, 메리 랜스 시스크, 그웬 쇼(Gwen Shaw), 프랭크 하몬드(Frank Hammond), 바비 진 머크(Bobbie Jean Merck), 잭 헤이포드(Jack Hayford), 조이 도우슨(Joy Dawson), 엘리자베스 알베스(Elizabeth Alves), 에드 머피, 톰 화이트, 찰스 크래프트(Charles Kraft) 등 30명의 저명인사들이다. 바비 벌리(Bobbye Byerly)는 모임이 진행되는 동안에 옆방에서 중보기도 그룹을 모아 놓고 기도를 인도했다.

그 그룹은 '영적 전투 조직'(The Spiritual Warfare Network)이라는 이름으로 불리어졌고, '제2차 로잔회의 이후의 전략적 수준의 영적 싸움을 연구하는 집단' 이라는 부제가 덧붙여졌다. 영적 전투 조직의 그 누구도 자신을 그 분야의 전문가로 생각하지 않았지만, 세계 복음화를 위한 싸움은 영적 전쟁이라는 사실과 그것을 배울수록 모든 족속으로 제자 삼으라는 예수의 지상명령을 효과적으로 완수할 수 있다는 사실에 모두 동의했다.

이 조직의 몇 사람은 매우 적극적이었다. 존 도우슨의 「하나님을 위하여 도시를 점령하라」(Taking Our Cities for God)라는 책은 전투적 기도에 관한 조직적이면서도 교훈적인 첫 지침서가 되었고, 딕 버널은 「지옥문의 습격」(Storming Hell's Brazen Gates)과 「정사들은 물러나라」(Come Down Dark Prince)라는 책에서 전투적 기도의 실제 사역에 관해 다룬다. 그리고 내가 쓴 「영적 원수를 대적하라」(Engaging the Enemy)는 책에는 화이트, 버널, 래리 리, 헤이포드, 도우슨, 실보소와 같은 영적 전투 조직의 회원들과 마이클 그린(Michael Green), 조용기 목사, 티모시 워너(Timothy Warner), 오스카 쿨만(Oscar Cullmann) 등 열여덟 명의 세계 기독교 지도자들이 주제별로 쓴 글들이 모아져 있다. 신디 제이콥스의 「대적의 문을 취하라」(Prossessing the Gates of the Enemy)는 책은 '중보기도를 어떻게 할 것인가'에 대한 실제적 지침서가 되고 있다. 제8장에서 자세히 언급하겠지만 '영적 도해'(spiritual mapping)라는 중요한 개념은 조지 오티스 주니어(George Otis, Jr.)가 저술한 「마지막 대적」(The Last of the Giants)에 잘 나타나 있다.

전도에서의 영적 능력

복음 전파에는 왕도가 없다. 그러므로 각자에게 가장 효과적인 것을 찾아보는 것이 필요하다. 나 같은 교회성장학 교수는 그와 같은 효과적인 방법론을 찾는 것이 사명이다. 나는 지난 20여 년간 성장하는 교회와 성장하지 않는 교회를 연구한 결과 몇 가지 사실을 발견했다.

우선 교회 성장은 복합적이다. 교회 성장이나 쇠퇴를 결정하는 데에는 세 가지 요소가 있다. 첫째는 교회 자체의 조직적인 요소인데 이것은 교회가 원한다면 바꿀 수 있다. 둘째는 환경적 요소인데 이것은 교회가 처한 사회적 상황을 말하는 것으로 교회가 변화시킬 수 있는 것이 아니다. 셋째는 절대 주권자이신 하나님의 손에 달려 있는 영적 요소다.

전 세계적인 현상을 볼 때 조직적 요소와 환경적 요소는 영적인 요소에 비해 그리 중요하지 않다. 이것은 지난 수십 년간 오순절 운동에 참여한 교회의 성장을 살펴보면 명백해진다. 비록 크게 성장한 경우도 그렇지 못한 경우도 많지만, 최근 40~50년간 가장 큰 성장을 경험한 교회는 영적인 능력을 강조하는 오순절파 교회다.

20세기 초부터 시작한 오순절 교회는 제2차 세계대전 이후에 더욱더 큰 성장을 가져왔다. 1945년 당시에는 전 세계에 1천6백만 명의 오순절주의자들이 있었으나 1965년에 5천만 명, 1985년에 2억 4천7백만 명 그리고 1991년에는 3억 9천1백만 명으로 늘어나는 등 놀라운 성장을 이룩했다.

오순절 교단 중 가장 큰 하나님의성회는 1965년에 160만 명에서 1985년에는 1,320만 명으로 성장했다. 상대적으로 역사가 짧은 하나님의성회는 현재 전 세계 30개국에서 가장 큰 교단 혹은 그 나라에서 두 번째로 큰 교단의 자리를 차지하고 있다. 브라질의 상파울루 시에만 하나님의성회 교회는 2,400개나 된다. 미국에서 가장 급성장하는 교회는 오순절 독립교회다. 1990년대 당시 전 세계 5만 명 이상 출석하는 6대 교회 모두가 오순절 교회였다.

지난 25년간 일어났던 오순절 운동은 비군사적, 비정치적인 자발적 인간 운동으로서는 역사상 최대의 운동이라고 확신한다. 나 같은 전통적 복음주의 교회의 지체가 오순절 교회의 형제자매로부터 무엇인가 배우기 위해 마음 문을 여는 것은 매우 합리적이라고 생각한다. 오순절주의자로부터 배울 수 있는 가장 중요한 교훈은, 그들이 복음을 위한 진짜 싸움은 영적 전쟁이라는 사실을 우리보다 훨씬 더 진지하게 받아들인다는 점이다. 오순절주의자들은 성령의 기사와 표적, 귀신을 쫓는 일, 기적적인 병 고침, 열정적인 예배, 예언 그리고 영적인 싸움으로서의 기도 등을 지극히 정상적인 기독교의 모습으로 받아들이고 있다.

> 지난 25년간 일어났던 오순절 운동은 비군사적, 비정치적인 자발적 인간 운동으로서는 역사상 최대의 운동이라고 확신한다.

가장 중요한 것은 사람들을 예수님에게로 인도하는 일이다. 복음 전파가 하늘의 영들과의 영적 전쟁의 결과에 의해 좌우된다는 사실을 깨닫는 것이 하나님의 뜻이다. 성경은 이러한 영적 전쟁에서 원수를 물리치는 가장 중요한 무기가 전투적 기도(warfare prayer)임을 확증한다.

〈토의할 문제〉

1. 비효과적인 전도 방법이나 교회 성장 원리에는 어떠한 것들이 있는가?

2. 하나님이 하나로 결합시켜 주신 세 겹 줄의 각 영역에 관해 설명하고 그 영역에서의 지도자가 누구인지 말해 보라. 그들이 각각 다른 영역을 어떻게 돕고 있다고 생각하는가?
3. 후안나 프란시스코와 같은 그리스도인이 사탄의 저주를 받을 수 있다고 보는가? 만약 그 사탄의 저주가 깨뜨려지지 않았다면 후안나는 정말 죽었을까?
4. 당신이 영적 전투 조직에 참여한다면 어떤 문제들이 토론되어지길 원하는가?
5. 오늘날 그리스도인들이 오순절 성령 운동으로부터 배워야 할 점은 무엇이라고 생각하는가?

제3장

적극적으로 싸우신 예수님

Jesus on the Offensive

C. PETER WAGNER

세례 받으실 때부터 시작된 예수님의 공생애는 처음부터 전략적 수준의 영적 싸움이었다: "그 때에 예수께서 성령에게 이끌리어 마귀에게 시험을 받으러 광야로 가사"(마 4:1). 구약성경에는 이러한 영적 싸움이 없다는 점에서 예수님은 구원 역사에 전혀 새로운 면을 보여 주셨다. 최고 수준의 능력으로 사탄을 대적하신 예수님은 사탄과 이 세상을 향해 영적 전쟁이 시작되었음을 선포하신 것이다. 하나님의 나라가 임한 것이다.

천국이 가까이 왔느니라

천국의 임재는 세례 요한과 예수님 그리고 사도들의 설교에 분명히 나타나 있는 메시지다. 복음서에서 "회개하라 천국이 가까이 왔느니라"는 말씀이 여러 번 언급된 것은 아담과 하와 이래 인류 역사에서 가장 결정적인 전환점을 보여 주기 위함이다.

그 전환점은 예수님의 성육신, 즉 동정녀 탄생과 세례, 공생애 그리고 죽으심과 부활을 의미한다. 이 예수 사건은 오순절 이후 인류 역사에 적용되어 왔다.

예수 사건은 실로 엄청난 사건이다. 왜냐하면 그 이전까지 사탄은 거의 무한대의 능력을 행사하고 있었기 때문이다. 물론 하나님은 만왕의 왕이요, 만주의 주로서 사탄까지 다스리는 분이시다. 사탄은 피조물에 불과하며 궁극적으로는 불과 유황 못에 던져져 심판을 받을 존재다(계 20:10을 보라). 그렇다고 해서 사탄을 과소평가하는 것은 금물이다. 성경은 사탄을 "이 세상의 신"(고후 4:4), "공중의 권세 잡은 자"(엡 2:2), "이 세상의 임금"(요 12:31)으로 표현하고 있다. 사도 요한도 "온 세상은 악한 자 안에 처한 것"이라고 말한 바 있다(요일 5:19). 사탄은 실제적인 능력을 가진 존재다.

지금도 사탄이 강력한 능력을 행사한다고 볼 때 예수님이 이 땅에 오시기 전에는 더욱 강력했을 것이다. 예수님은 이 강력한 사탄의 진을 파하셨다. 사탄은 "하나님의 아들이 나타나신 것은 마귀의 일을 멸하려 하심이라"(요일 3:8)는 말씀을 잘 알고 있었다. 사탄은 자신의 왕국이 점령당할 것을 알고 분노했다. 그러나 결국 예수님은 사탄의 왕국을 공격하셨을 뿐만 아니라 십자가 위에서 완전한 승리를 거두셨다. 이에 대해 바울은 "통치자들과 권세들을 무력화하여 드러내어 구경거리로 삼으시고 십자가로 그들을 이기셨느니라"(골 2:15)고 기록했다.

광야에서의 대결

세례를 받으신 예수님은 바로 사역에 들어가는 대신 먼저 사탄과 싸우셨다. 회당에서 가르치시기 전, 열두 제자를 부르시기 전, 산상수훈을 설교하시기 전, 오천 명을 먹이시고 죽은 나사로를 살리시기 전에 주님은 전략적 수준의 영적 싸움을 결정적으로 치러야 함을 알고 계신 것이다. 이때 예수님이 택하신 장소는 의미심장한 곳이었다. 예수님은 사탄의 땅인 '광야'로 가셨다. 광야나 사막을 의미하는 헬라어 '에레모스'(eremos)는 '치명적으로 위험한 장소로서 악한 세력이 거하는 곳'이다. 그곳은 오직 하나님의 심판만이 정복할 수 있는 장소로서[1] 사탄에게는 매우 유리한 곳이었다. 그러나 예수님은 두려워하지 않고 담대하게 사탄의 땅으로 들어가셨다. 자신의 땅을 잘 알고 있는 사탄은 최상의 공격을 할 수 있었다. 사탄은 예수님에게 그의 가장 귀한 소유인 천하만국과 그 영광을 주겠노라고 제안할 정도였다(마 4:8을 보라). 그러나 이 결정적인 싸움의 결과는 너무나 자명한 것이었다. 사탄의 능력은 하나님의 능력 앞에서는 아무것도 아니기 때문이다. 결국 사탄은 패배했고 예수님이 승리하셨다. 이 광야에서의 승리는 예수님의 십자가 사건을 포함한 3년간의 모든 사역을 승리로 이끄는 기초가 되었다.

예수님이 승리하신 비결

예수님이 승리하신 것은 그가 하나님이시므로 당연한 것이라고 말할지 모른다. 그리고 우리는 예수님처럼 하나님이 아니므로 이와 같은 영적 싸움에 동참할 수 없다고 생각할지 모른다. 우리도 예수님처럼 일할 수 있는지를 알아보기 위해서는 콜린 브라운(Colin Brown) 박사가 말한 '성령 기독론'(Spirit Christology)[2] 혹은 내가 주장하는 '성육신 신학'을 이해하는 것이 필요하다. 이 점에 대해서는 내가 쓴 「제3의 바람」이라는 책에서 이미 자세히 설명했기 때문에 여기서는 간략하게 요점만 언급하겠다. 나의 신학적 전제는 다음과 같다.

> "예수님이 그의 공생애 기간 중 사용하신 능력의 근원은 성령이시다. 예수님 스스로는 그 어떠한 능력도 행사하지 않으셨다. 그러므로 오늘 예수님과 같은 능력의 근원, 즉 성령을 모신 우리도 예수님과 같은 혹은 그 이상의 일을 할 수 있다."[3]

이와 같은 사실은 "아들이 아버지께서 하시는 일을 보지 않고는 아무 것도 스스로 할 수 없나니"(요 5:19)라는 성경 말씀으로도 뒷받침되고 있다. 바울도 예수님이 이 땅에 계시는 동안 자발적으로 아버지에게 복종하셨다고 기록했다(빌 2:5~8을 보라). 즉 예수님은 일시적으로 자신의 신적 속성의 사용을 포기하셨다. 자신의 신성으로 기적을 행하지 않으셨다. 자신의 신성으로 기적을 행했다면 아버지에게 복종하리라는 계약을 파기하는 행위가 된다. 즉 예수의 모든 기적은 그 안에서 역사하시는 성령에 의해 행해진 것이었다(마 12:18, 행 10:38, 눅 4:1, 14, 눅 5:17을 보라). 이것을 가리켜 브라운 박사는 '성령 기독론'이라고 한 것이다.

이것이 바로 예수님이 세상을 떠나시기 전 그의 제자들에게 자신이 떠나가는 것이 오히려 유익이라고 말씀하신 이유다(요 16:7을 보라). 예수님이 떠나셔야만 제자들에게 다른 보혜사이신 성령을 보내 주실 수 있었던 것이다(요 14:16을 보라). 주님은 "내가 진실로 진실로 너희에게 이르노니 나를 믿는 자는 내가 하는 일을 그도 할 것이요 또한 그보다 큰 일도 하리니 이는 내가 아버지께로 감이라"(요 14:12)고 말씀하셨다.

예수님의 시험의 의미

예수님의 능력 대결로 다시 돌아가 보자. 사탄의 구체적인 공격 계획은 무엇이었을까? 사탄은 아담과 하와에게 행한 것처럼 예수님에게도 하나님에게 복종하는가에 대한 여부를 시험했다. 아담과 하와를 하나님에게 불순종하게 하는 데 성공했기 때문에 사탄은 예수도 문제가 없다고 생각했는지 모른다. 순종의 계약을 파기하면 하나님의 구원 계획도 수포로 돌아갈 것임을 알았던 사탄은 예수님을 세 번이나 시험했다. 돌을 떡으로 만들고 성전 꼭대기에서 떨어져 내리면서 천사의 도움을 받았더라면 예수님은 자신이 가지고 있는 능력, 즉 신성을 사용하셔야만 했을 것이다. 그러면 사탄에게 절할 필요 없이 자신의 신성으로 사탄의 왕국을 빼앗을 수도 있었을 것이다. 그러나 하나님이 이 세 가지 중 어느 것도 허락하지 않으신 것을 아셨던 주님은 그 어떤 능력도 행하지 않으셨다. 아담과 하와와는 달리 예수님은 하나님 아버지에게 순종하신 것이다.

여기서 알 수 있는 사실은 예수님이 인성인 상태에서 사탄과 싸우셨다는 것이다. 예수님이 삼위일체 중 제2위의 하나님이신 것은 진리다. 그러나 이 능력 대결은 하나님으로서의 예수님이 싸우신 것이 아니었다. 인간 예수가 사탄에게 도전하신 것이요, 인간 예수가 사탄을 이기신 것이다. 즉 인간 예수가 성령의 능력으로 승리하신 것이다. 예수님이 세례를 받으실 때 "성령이 비둘기 같이" 충만하게 임하셨다(막 1:10). 이어 예수님은 "성령의 충만함을 입어" 마귀에게 시험을 받으셨다(눅 4:1). 마귀를 이기신 예수님은 "성령의 능력"을 가지고 갈릴리로 돌아가셨다(눅 4:14).

우리가 궁금한 것은 과연 오늘 우리도 예수님처럼 할 수 있느냐는 것이다. 히브리서 4장 15절을 보면 예수님도 "모든 일에 우리와 똑같이 시험을 받으신 이"라고 기록되어 있다. 즉 우리도 예수님처럼 마귀에게 시험을 받을 수 있다. 그리고 마찬가지로 우리도 예수님처럼 성령에게로 나아갈 수 있는 것이다(요 14:16을 보라). 주님은 "내가 너희에게 … 원수의 모든 능력을 제어할 권능을 주었으니"라고 말씀하셨다(눅 10:19). 그러므로 우리 모두는 예수님이 하신 것처럼 행할 수 있는 신학적, 영적 능력을 가지고 있는 것이다.

물론 이것은 우선 이론에 불과하다. 실제로 우리가 예수님처럼 행할 수 있는가, 또 행할 수 있다면 어느 정도로 어떤 상황에서 행해야 하는가 하는 것 등은 별개의 문제일 것이다.

우리는 어느 선까지 할 수 있겠는가?

여기서 우리가 주의해야 할 것은 예수님의 제자들이나 초대 교회의 사도들 중에 어느 누구도 예수님처럼 직접적인 능력 대결로 마귀를 공격한 자가 없다는 것이다. 아마도 하나님이 그들에게 직접 마귀를 공격하라고 지시하지 않으셨기 때문일 것이다. 즉 성령이 제자들을 예수님처럼 광야로 몰아내어 유사한 능력 대결을 하도록 허락하지 않으신 것이다. 오늘 우리 그리스도인들이 "사탄아, 내가 너를 묶노라"고 명령할 때 어떠한 일이 일어날 것인가? 우리가 명령한 대로 사탄이 묶임을 당하지는 않을 것이다. 사탄의 최후는 무저갱 속으로의 심판이지만 그것은 우리가 할 일이 아니라 하나님이 천사를 시켜 하실 일이다(계 20:1~2를 보라). "사탄을 묶노라"고 말하는 것은 단지 우리가 사탄을 싫어한다는 것을 표현하는 수단에 불과하다.

걸프 전쟁 때 미군들은 "사담 후세인, 나와라" 하고 외치곤 했는데, 그들 중 누구도 후세인을 직접 만날 것을 기대하고 말하지는 않았을 것이다. 단지 적을 향해 싸우겠다는 의지를 표현한 것이다. 예수님이 18년 동안 귀신 들린 여인을 치료하셨을 때 그 여인이 18년간 사탄에게 매인 바 되었다고 말씀하신 적이 있다(눅 13:10~16을 보라). 주님의 말씀은 사탄이 직접 그 여인을 18년간 점령했다는 의미가 아니다. 사탄이 모든 악한 세력의 총사령관으로서 악한 영을 불러다가 그 여인을 괴롭히게 한 것으로 말씀하신 것이다.

그러므로 우리가 "사탄아, 내가 너를 묶노라"고 명할 때 그 적용에는 한계가 있다. 즉 사탄과 직접 대결해서 싸우는 것이 아니라 사탄보다 낮은 수준의 악한 영들, 곧 귀신들과 대결하는 명령이 되는 것이다. 예수님은 귀신을 내어 쫓는 것과 천국이 임하는 것에 서로 상관관계가 있음을 설명하신 바 있다(마 10:7~8을 보라).

그러나 주님은 악한 세력과의 싸움이 지상 수준의 영적 싸움만을 의미하는 것인지 아니면 주술적 수준의 싸움과 전략적 수준의 싸움 모두를 포함하는지에 대해서는 언급이 없으셨다. 이 점이 바로 영적 전쟁에 대해 가르치거나 참여하는 오늘날 전문가들 사이에 의견의 일치를 보지 못하는 부분이다. 그러나 한 가지 분명하게 일치하는 것은, 일반적으로 귀신을 내어 쫓는 지상적 수준의 싸움은 우리가 자유롭게 행사할 수 있으나, 이 세상의 권세 잡은 자인 사탄과의 직접적인 대면에는 주의를 기울일 필요가 있다는 것이다. 물론 사탄이 아닌 그의 졸개들, 즉 악한 영들과의 싸움에도 상황과 사람에 따라 조심스러울 때가 있고, 보다 공격적이고 적극적으로 싸울 때도 있다.

이러한 지상적 수준의 싸움과는 달리 하나님은 전략적 수준의 싸움, 즉 최전선에서의 싸움을 위해 소수의 기독교 지도자들을 부르시고 무장시켜 싸우도록 하신다고 믿는다. 아울러 하나님은 최전선에서 사탄과 직접 대면해서 싸우는 지도자들을 위해 많은 후원자들을 세우셔서 도덕적으로 지원하고, 중보기도를 하게 하고, 정신적으로 격려하며 물질적으로 후원하도록 하시는 것이다. 예를 들어, 에두아르도 로렌조, 신디 제이콥스, 래리 리, 카를로스 아나콘디아, 존 도우슨, 에드 실보소, 딕 버널과 같은 영적 특공대를 많이 세우셔서 흑암의 세력들과 대항해서 최전선의 위대한 싸움을 싸우게 하시고, 그 결과 수많은 잃은 양들을 "어둠에서 빛으로, 사탄의 권세에서 하나님께로 돌아오게" 하시는 것이다(행 26:18).

도시를 정복한다는 의미

전략적 수준의 싸움(마귀를 직접 대면해서 싸우는 싸움)에 대한 예수님의 메시지는 무엇인가? 이에 대한 예수님의 직접적인 교훈은 복음서보다 요한계시록에 더 많이 기록되어 있다. 최소한 요한계시록의 두 장 전체는 예수님이 직접 말씀하신 것의 기록이다. 즉 소아시아의 일곱 교회에 보낸 서신의 내용은 성령이 말씀하신 주님의 음성을 직접 받아 쓴 것이다. 일곱 교회에 대한 메시지의 내용은 각각 다르지만 공통적인 것이 있다. 즉 각 서신들은 예수 그리스도에 대한 언급과 함께 "성령이 교회들에게 하시는 말씀"이라는 서두가 있다. 더 중요한 공통점은 각 교회마다 '이기라'(overcome)는 명령형 동사가 있다는 것이다.

각 교회마다 이기는 자들을 위한 약속이 기록되어 있다. 그 내용을 보면, 만일 우리가 이기면 첫째로 생명나무 열매를 먹을 수 있다. 둘째로 둘째 사망을 맛보지 않는다. 셋째로 감추었던 만나를 먹을 수 있다. 넷째로 만국을 다스리는 권세를 얻게 된다. 다섯째로 흰 옷을 입게 된다. 여섯째로 새 예루살렘에 있는 성전의 기둥이 된다. 일곱째로 예수 그리스도와 함께 그분의 보좌에 앉게 된다. 즉 말씀에 순종하는 자에게는 놀라운 상급이 주어지게 될 것이다.

여기서 '이기다' 혹은 '정복하다' 라는 단어의 의미는 무엇일까? '이기다'를 뜻하는 헬라어는 '니카오'(nikao)다. '니콜라스'(Nicholas)나 '닉'(Nick)이라는 영어식 이름은 이 헬라어에 어원을 두고 있다. 이 '니카오'는 '정복하다'라는 뜻을 가진 전쟁 용어다. 그러므로 예수님이 우리에게 "이기라"고 하신 말씀은 영적 전쟁에서 승리하리라는 것을 의미한다. 신약성경에서의 '니카오'는 하나님을 대적하는 사탄과 그의 세력에 대한 투쟁이라는 의미로 설명되어 있다.[4]

신약성경의 다른 부분에서 '니카오'가 사용된 경우는 두 번인데 그중의 하나가 요한복음 16장 33절에서 "내가 세상을 이기었노라"고 말씀하신 경우다. 이것은 우리의 싸움은 이미 끝났으며 승패가 결정되어 있음을 암시하기 때문에 매우 힘이 되는 말씀이다. 예수님이 이미 십자가에서 승리하셨기에 전쟁은 우리의 일이 아니다. 우리가 할 일은 패잔병을 소탕하는 일뿐이다. 예수님은 이 소탕전에서도 우리가 계속 승리하기를 원하신다.

강한 자를 정복하라

'니카오'가 사용된 또 다른 경우는 강한 자를 다룰 때 혹은 마귀적인 힘에 대항하는 경우다. 누가복음에 따르면 예수님은 그의 왕국이 침략당하지 않도록 그리고 그 왕국의 소유물이 침해되지 않도록 강한 자를 이겨야(니카오) 한다고 말씀하신다. 사건은 예수님이 한 말 못하게 하는 귀신을 쫓아내신 지상적 수준의 영적 싸움에서 시작된다(눅 11:14을 보라). 그러나 점차적으로 사탄의 나라와 사탄의 집 그리고 귀신들의 우두머리인 사탄, 즉 바알세불에 대한 전략적 수준의 싸움에 대해서도 언급하신다(눅 11:18-21을 보라). 이것은 예수의 정복과 승리에 대한 단계적인 확대를 나타내 준다.

강한 자와의 싸움에 대한 성경의 기록 중에서 주님은 '이기다'(overcome)라는 말 대신에 '결박하다, 매다'(bind)라는 단어를 사용하셨고(마 12:29, 막 3:27을 보라), 마태복음 16장 19절에서도 "네가 땅에서 무엇이든지 매면 하늘에서도 매일 것이요"라고 말씀하셨다. 구원받은 우리는 영적인 전쟁에서 적에 대한 공격을 묘사할 때 '이기다', '정복하다', '매다' 라는 말을 번갈아 사용할 수 있다는 말이다. 요한계시록의 일곱 교회들은 하나님의 영광이 드러나도록 악령의 군대를 묶거나 정복해서 이겨야 한다. 이것은 초대 교회뿐만 아니라 오늘날 현대 교회에서도 마찬가지다. 우리는 우리가 살고 있는 도시에 대한 영적 책임을 느껴야 한다. 그래서 나는 '그리스도를 위한 패서디나' 라고 불리는 기독교 모임에 참여하고 있다. 이것은 단지 도시를 위한 전투적 기도의 시작에 불과하다. 우리가 이기기 위해서는 우리의 도시를 덮고 있는 강한 자의 정체를 정확히 파악하고 예수님이 지시하시는 명령에 순종하는 용기가 필요하다.

사탄의 전략

도시를 지배하는 악한 세력을 이기기 위해서는 사탄의 기본적 전략을 이해해야 한다. 사탄의 전략은 한마디로 요약된다. 즉 사탄의 목적은 하나님이 영광 받지 못하시도록 방해하는 것이다. 개인,

교회, 도시 그리고 전 세계에서 하나님이 영광 받지 못하실 때 사탄은 자신의 목적을 완수하게 된다. 사탄은 하나님이 받으셔야 할 영광을 가로채려 하는 존재다. 사탄 루시퍼는 하늘로부터 떨어질 때 "지극히 높은 이와 같아지리라"고 외쳤다(사 14:14). 사탄은 아담과 하와에게 선악과를 먹으면 하나님과 같이 될 것이라고 유혹했다(창 3:5을 보라). 사탄은 예수가 자기에게 엎드려 경배하도록 유혹했다(마 4:9을 보라).

> 사탄의 목적은 하나님이 영광 받지 못하시도록 방해하는 것이다.

사탄은 어떻게 하나님이 영광 받으시는 것을 방해하는가? 이에 대한 답은 사탄의 1차 목적과 2차 목적을 이해할 때 명백해진다. 사탄의 1차 목적은 죄인들이 구원받음으로 인해 하나님이 영광 받으시는 것을 방해하는 것이다. 예수님은 잃은 자를 찾아 구원하러 오셨으며 하나님은 믿는 자마다 영생을 얻도록 독생자를 보내 주셨다. 한 영혼이 구원받을 때 하늘에서는 천사들이 기뻐한다. 그리고 사탄은 이 모든 것을 증오한다. 사탄은 사람들이 천국에 가는 것을 결코 원하지 않는다. 그들의 주된 목적은 사람들이 구원을 받지 못함으로 자기들이 영원한 승리를 차지하려는 것이다.

사탄의 2차 목적은 오늘을 살아가는 인간과 인간 사회를 가능한 한 비참하게 하는 것이다. 사탄은 도둑질하고 죽이고 멸망시키기 위해 왔다. 이 세상에 전쟁, 가난, 억압, 질병, 인종 차별, 탐심 및 이와 유사한 수많은 악행들을 볼 때 사탄이 어느 정도는 성공하고 있음을 알 수 있다. 이 모든 것 중에 어떤 것도 하나님에게 영광이 되는 것은 없다. 사탄은 그의 2차적 목적을 이루며 일시적이나마 승리하고 있는 것이다.

사탄은 전술에 능한 존재로서 수천 년간의 경험을 축적하고 있다. 티모시 워너는 "사탄의 전술은 속이는 것이다. 사탄은 사람들에게 하나님에 대한 거짓을 말하는 대신 자신의 힘을 보여 줌으로 사람들을 속이는 것이다"라고 말했다.[5] 나는 워너의 말에 동의하는데, 실로 사탄이 어떻게 그 많은 사람들을 방해해서 복음을 받아들이지 못하게 하는지는 놀라울 정도다.

이웃에게 복음을 전할 때 우리가 여러 차례 끈질기게 전도함에도 불구하고 그토록 거부하는 것은 무슨 이유일까? 복음은 좋은 소식이며 그 유익도 엄청나다. 복권에 당첨되는 것보다 더 좋은 소식이다. 그런데 많은 사람들은 영생을 얻는 일보다 복권에 당첨되는 것을 더 갈망한다. 왜 그럴까? 그 해답은 고린도후서 4장 3~4절에 나와 있다. 바울도 우리와 비슷한 좌절을 겪었다. 너무도 많은 사람들이 그리스도를 영접하지 않았던 것이다. 그래서 바울은 말한다: "이 세상의 신이 믿지 아니하는 자들의 마음을 혼미하게 하여 그리스도의 영광의 복음의 광채가 비치지 못하게 함이니"(고후 4:4). 사람들이 그리스도인이 되지 못하는 것은 마음의 눈이 멀었기 때문이라는 것이다. 그리스도의 영광이 그들에게 미치지 못하고 있는 것이다. 그것이 바로 사탄이 하는 방해 작업이다.

30억의 마음을 눈멀게 하는 사탄

아직도 이 지구상의 30억 인구가 예수님을 구세주로 알지 못하고 있다. 이 숫자는 진실로 거듭나지 않은 형식적인 그리스도인을 뺀 숫자이므로 믿지 않는 자의 수는 더 많다고 볼 수 있다. 문제는 수많은 사람들이 사탄과 함께 멸망의 길을 가고 있다는 것이다.

사탄이 어떻게 이런 일을 할 수 있는가? 어떻게 30억 이상의 사람을 눈멀게 하는가?

사탄 혼자서 이 일을 할 수 없는 것은 분명하다. 사탄은 하나님이 아니기 때문이다. 사탄은 무소부재할 수 없는 피조물이다. 사탄은 하나님처럼 같은 시간에 모든 장소에 존재할 수 없다. 한 장소에서 다른 장소로 재빨리 이동할 수 있을지는 몰라도 다른 장소에 동시에 있을 수는 없는 것이다.

사탄이 동시에 30억의 사람들을 눈멀게 하는 것은 그 책임을 위임하기 때문이다. 사탄은 자신의 목적을 달성하기 위해 악령 군대의 계급 조직을 구성했다. 정확히는 알 수 없지만 그 계급과 조직의 암시는 에베소서 6장 12절에 나타나 있다: "우리의 씨름은 혈과 육을 상대하는 것이 아니요 통치자들과 권세들과 이 어둠의 세상 주관자들과 하늘에 있는 악의 영들을 상대함이라."

이 말씀이 사탄의 계급 조직을 엄밀하게 말한 것은 물론 아니다. 즉 오늘날 군대의 '장군, 대령, 소령, 대위' 같은 용어처럼 명확한 것은 아니라는 말이다. 그러나 분명한 것은 이러한 용어들이 초자연적 존재를 지칭하며 마귀의 궤계를 지시받은 악한 존재의 다양한 모습을 묘사하고 있다는 점이다(엡 6:11을 보라). 이 악한 영들은 죄인들이 구원받는 것을 방해하고 사람들이 단지 지상에서만 살다가 가도록 마음을 혼미하게 하는 일을 그 사명으로 삼고 있다.

도시를 있는 그대로 보라

조지 오티스 주니어는 이른바 '영적 도해'를 통해서 선교 사역을 감당하고 있다. 그에 따르면 도시나 나라를 '나타난 모습'(as they appears to be)으로만이 아닌 '있는 그대로'(as they really are) 보는 훈련이 필요하다고 한다. 인간의 삶에 영향을 미치는 하늘의 영적 세력들을 구별하는 것은 매우 중요한 일이다. 예를 들어, 월터 윙크는 사회 구조 배후의 영적 세력을 규명하지 않고서는 어떤 위대한 개혁 프로그램도 사회를 변화시키지 못할 것이라고 본다.[6]

프랭크 페레티는 그의 소설 「보이지 않는 전쟁」과 「어둠의 파괴」라는 책에서 월터 윙크가 말했던 것보다 더 개인적이고 극적인 영적 세력들과의 싸움에 대해 묘사한다. 약간의 차이는 있으나 이 세상을 단순히 나타난 현상으로 보지 않고 실제 그대로 보려고 노력하는 점에서는 일치한다. 이에 대한 가장 적절한 성경 구절은 "우리가 육신으로 행하나 육신에 따라 싸우지 아니하노니"라는 말씀이다(고후 10:3). 예수님도 우리가 세상에 있으나 세상에 속하지 않았다고 말씀하셨다(요 15:19, 17:15을 보라). 우리의 전쟁은 영적 전쟁이라는 말이다. 바울은 이렇게 말했다.

"우리의 싸우는 무기는 육신에 속한 것이 아니요 오직 어떤 견고한 진도 무너뜨리는 하나님의 능력이라 모든 이론을 무너뜨리며 하나님 아는 것을 대적하여 높아진 것을 다 무너뜨리고 모든 생각을 사로잡아 그리스도에게 복종하게 하니"(고후 10:4~5)

여기서 "견고한 진"이란 마귀의 군대와 그의 군대가 진치고 있는 곳이다. 진을 무너뜨린다는 것은 공격적인 전투 행위다. 예수님이 광야에서 사탄의 진을 공격하신 것처럼 하나님은 우리도 그와 같이 행하기를 원하신다. 찰스 크래프트 박사는 위의 말씀에서 세 가지의 영적 전쟁 개념을 도출했다. 즉 진리 대결, 충성 대결, 능력 대결이 그것이다.[7] '모든 이론을 무너뜨리는 것' 이 진리 대결이라면 '모든 생각을 사로잡아 복종하게 하는 것'은 충성 대결이다. 전투적 기도로 이러한 두 진을 무너뜨리는 것은 바로 능력 대결이다.

이 구절에서 마귀적인 것을 직접적으로 언급한 것은 "하나님 아는 것을 대적하여 높아진 것"이다. "높아진 것"의 헬라어 '휩소마'는 '점성술적인 생각', '우주적 힘', '하나님에게 대항하는 권세', '하나님과 사람 사이를 방해하는 것' 등의 의미가 있다. 이것은 또한 하나님이 영광 받으시는 것을 저지하는 권세들 혹은 지역 귀신들을 물리치는 전략적 수준의 영적 싸움과 깊이 관련되어 있다.

우리가 이러한 영적 세력들을 파악한다면 우리의 도시를 사실 그대로 볼 수 있을 것이다. 범죄, 갱단, 빈곤, 낙태, 인종 차별, 탐욕, 강탈, 마약, 이혼, 사회적 부정부패, 아동 학대 그리고 수많은 악행들은 사탄의 일시적 승리를 보여 주는 것 같을 것이다. 텅 빈

교회들과 복음에 무관심한 사람들 또한 사탄의 승리를 나타내는 것처럼 보인다. 이러한 사탄에 대항해서 우리는 사회 프로그램, 교육, 데모, 강력한 법과 경찰력 등이 필요함을 인정한다. 또한 전도 운동과 사영리 프로그램을 신뢰한다. 그러나 사탄의 진이 먼저 무너지지 않는 한 어떠한 사회 운동이나 전도 프로그램도 소용없다. 우리의 상황은 실제적인 전투다. 이 전투의 무기는 바로 기도다. 전투적 기도가 필요한 것이다.

성경적 실례들

우리는 이미 광야에서 예수님이 사탄과 싸우신 원리를 살펴보았다. 그 주님은 우리가 도시를 정복하기 위해서 영적 싸움을 싸우기 원하신다. 성경은 이러한 하나님의 소원을 여러 곳에서 보여 준다. 이러한 성경적 실례는 영적 전쟁을 위한 교과서라기보다는 하나님이 어떻게 전투적 지도자들을 사용하셨는가를 보여 주는 사례로 보는 것이 타당하다.

다니엘

다니엘은 3주간의 금식기도를 통해 전투적 기도를 했던 선지자다. 그는 바사 왕 고레스를 위해 기도하고 있다. 사회적, 정치적 문제를 놓고 기도한 다니엘을 통해서 우리는 바사국의 겉모습뿐만 아니라 실제의 모습을 살펴볼 수 있다. 홀로 금식하던 다니엘은 힘이 다 없어졌으나 큰 이상을 보게 되었다(단 10:8을 보라). 그때 한 천사가 다니엘에게 무슨 일이 일어날 것인가에 대해 말해 주었다. 이 천사는 다니엘이 기도하던 첫날부터 보냄을 받았지만 사탄과의 영적 싸움 때문에 3주간, 즉 21일이나 지체되었다. '바사군'이라는 이름의 악한 영이 천사를 막았던 것이다.

천사는 다니엘이 얼굴을 땅을 향하고 벙벙할 정도의 놀라운 메시지를 전해 주었다(단 10:15을 보라). 그 메시지를 전한 천사는 다니엘에게 도착할 때까지 바사군뿐만 아니라 '헬라군'과도 싸워야 했다. 천사를 도와 대적하는 자를 이기게 한 이는 천사장 미가엘이었다. 이 이야기는 지역 귀신들이 사회 정치적인 세계에서 사람들의 삶에 큰 영향을 미치고 있음을 깨닫게 해 준다. 또한 어둠의 세력들과의 싸움에서 다니엘의 유일한 무기는 전투적 기도였음을 확인해 준다.

예레미야

예레미야를 통해서 우리는 전략적 수준의 영적 싸움에 대해 매우 중요한 사항을 알 수 있다. 하나님은 예레미야에게 "보라 내가 오늘 너를 여러 나라와 여러 왕국 위에 세워 네가 그것들을 뽑고 파괴하며 파멸하고 넘어뜨리며 건설하고 심게 하였느니라"고 말씀하셨다(렘 1:10). 이것은 이 세상 왕국의 겉모습이 아니라 실제적이며 본질적인 부분에 대한 것이다. 즉 인간사에 발생하는 일의 근본적인 주권과 권세에 관한 언급인 것이다.

하나님은 이러한 일을 위해서 예레미야에게 육적인 무기를 주지 않으셨다. 예레미야는 정치적 직책이나 군사적 통치권 혹은 광대한 물질을 소유하지 않았다. 그의 무기는 하나님을 만나게 하고 인간 역사를 뒤바꾸게 하는 전투적 기도, 즉 중보기도였다.

누가복음과 사도행전

신약성경의 전략적 수준의 영적 싸움에 대해 예일대학의 수잔 가렛(Susan R. Garrett) 교수만큼 연구한 학자도 없을 것이다. 그녀는 「사탄의 죽음」(The Demise of the Devil)이라는 책에서 누가복음의 주제는 악령에 대한 전투임을 확증한다. 가렛은 "만약 사람들의 마음눈이 사탄에 의해 멀었다면 바울이 어떻게 그들의 눈을 뜨게 하였을까?"라는 의문을 제기했다. 그녀에 따르면 바울은 사탄의 권세를 능가하는 권세를 가지고 있었다. 누가복음의 예수의 선언이 핵심이며, 제자들은 모두 원수의 능력을 제어할 수 있는 권세를 소유했다고 보았다(눅 10:19을 보라). 그것은 사도행전에서 바울을 통해 나타난 힘과 같은 것이라고 주장한다.[9]

존 도우슨의 말대로 '하나님을 위해 도시를 구원한' 가장 대표적인 실례는 에베소에서 행한 바울의 사역이다. 탤벗신학교의 클린턴 아놀드(Clinton E. Arnold) 교수에 따르면 에베소는 로마 제국의 도시들 가운데 '신비적 힘의 중심지'였다. 당시 그리스 세계의 가장 큰 특징은 삶의 모든 영역에 실제로 영향을 끼치는 영적 세력에 대한 인식이었다.[10] 에베소에 갔을 때 바울은 그를 기다리는 높은 수준의 강력한 영적 싸움의 조짐을 깨달았을 것이다. 그것은 에베소서가 다른 어떤 서신들보다 강력한 용어를 사용하고 있기 때문이다.[11]

바울은 에베소에서 대규모의 선교 사역을 위한 기초를 닦고 강력한 교회를 설립했다. 그 결과 2년에 걸쳐 아시아의 대부분이 말씀을 듣게 되었고(행 19:10을 보라), "주의 말씀이 힘이 있어 흥왕하여 세력을" 얻게 되었다(행 19:20). 수잔 가렛에 따르면 '말씀의 흥왕'은 장애물이 극복되었음을 의미한다. 그렇다면 무엇이 장애물이었을까? 그것은 악령들과 그들의 주인인 사탄의 마술적 힘이었던 것이다.[12] 그 지역을 덮고 있는 주권과 세력들이 약해지자 바울의 사역이 힘을 얻어 복음이 빠른 속도로 전파된 것이다. 즉 에베소의 지역 귀신인 아데미를 공격하는 전략적 수준의 영적 싸움이 효과를 본 것이다.

> 지역을 덮고 있는 주권과 세력들이 약해지자 바울의 사역이 힘을 얻어 복음이 빠른 속도로 전파되었다. 즉 에베소의 지역 귀신인 아데미를 공격하는 전략적 수준의 영적 싸움이 효과를 본 것이다.

에베소 이전에 바울이 경험한 또 다른 영적 싸움이 있었는데 그것은 구브로의 총독이 마법사인 엘루마(바예수)의 영향을 받은 사건이다. 마법사는 사탄의 뜻을 따라 총독이 믿지 못하도록 영향력을 행사했다. 마법사는 모든 궤계와 악행이 가득한 자, 마귀의 자식, 모든 이의 원수임이 알려졌고 바울은 성령의 능력으로 그를 눈멀게 했다. 가렛에 따르면 바울이 주의 손을 빌려 안개와 어두움으로 바예수를 덮었을 때 바울이 사탄보다 더 큰 권세를 소유한 것이 중

명되었다. 그 결과 그 도시의 사람들은 바울이야말로 이방인들의 눈을 열어 어둠에서 빛으로, 사탄의 권세에서 하나님에게로 돌아오게 할 수 있는 자임을 깨닫게 되었다.[13]

성경을 믿는 그리스도인이라면 예수님과 제자들이 도시와 나라를 정복할 수 있도록 한 전략적 수준의 영적 싸움을 그대로 따르기 원할 것이다. 전 세계는 예수님과 사도들의 사역으로 둘러싸여 있다는 수잔 가렛의 말은 참으로 진리다.

"어둠의 영역은 이 세상 신의 영역이지만 곧 영원히 갇히게 될 사탄의 영역이다. 사탄의 소유물이 마치 전리품처럼 쌓여 있다. 병자들과 귀신 들린 자들이 바로 그들이다. 이방인들 역시 악의 통치에 예속되어 하나님에게 돌릴 영광을 사탄에게 돌리고 있는 형편이다."[14]

이 같은 사탄과 어둠의 세력들은 예수님이 이 땅에 오시면서 그 운명이 다했다. 수잔 가렛은 계속해서 말한다.

"미래의 승리는 분명하다. 사탄과 그의 졸개들은 멸망할 것이며 더 이상 인간을 괴롭히지 못할 것이다. 사탄의 왕국은 부서질 것이며 사탄의 권세 또한 아무에게도 인정받지 못할 것이다. 전쟁은 계속되고 있지만 이미 예수 그리스도의 승리는 결정적이다. 창세부터 누가의 시대에 걸쳐 그리스도인들의 경험은 사탄의 궁극적 멸망을 증거하고 있다."[15]

〈토의할 문제〉

1. 예수님은 이 땅에서 인성을 가지고 사셨으나, 동시에 항상 하나님이셨다는 개념에 대해 토론해 보라.
2. "사탄아, 내가 너를 묶노라"고 선언할 때 무엇이 의지할 바가 되고, 또 어떠한 것들이 제한점이 되는가?
3. 사탄이 하나님이 영광 받으시는 일을 어떻게 방해하는지에 대해 설명해 보라.
4. 당신의 도시를 '겉으로 나타난 모습'(as it appears to be)대로가 아닌 '실제 있는 모습 그대로'(as it really are) 바라보라. 무엇을 발견할 수 있는가?
5. 무엇이 사도 바울로 하여금 에베소인들의 아데미에 대항해서 영적 전쟁을 하게 하였는가?

제4장

배후에 숨어 있는 악령들

Demons Behind Bushes

C. PETER WAGNER

리차드 콜린그리지(Richard Collingridge)는 20년 이상 외국 선교사로 일해 왔다. 나는 그가 세계 선교 풀러신학교에서 선교학 대학원 과정을 공부하고 있을 때인 1980년대 말에 그를 처음 만나게 되었다. 그는 영적으로, 정서적으로 성숙하고 조화된 사람이다. 내가 이 말을 하는 것은, 그의 이야기를 읽는 몇몇 사람들이 그를 혹 '광신자'로 취급하지나 않을까 염려하는 마음에서다.

물귀신

　1975년, 리치는 라이베리아(Liberia)에 있는 시노에(Sinoe) 성경학교에서 5년 동안 가르치고 있었다. 그의 학생들 중 몇 명이 그에게 '물귀신'에 대해 말했는데, 그 '물귀신'은 놋쇠 링 같은 형태를 취하고서 자신의 힘으로 정글의 오솔길을 따라 굴러다니는 것을 종종 볼 수 있다는 것이었다. 후에 그는 몇 가지를 연구 조사해서 이

'물귀신'이 조지 슈와브(George Schwab)의 「라이베리아 오지의 부족들」(Tribes of the Liberian Hinterland)에 묘사되어 있음을 발견했다.[1] 큰 칼로 그 링을 치거나, 피를 그 위에 붓거나 혹은 그 길에 바나나 잎을 던져 놓아서 귀신의 힘을 무력하게 할 수 있다는 것은 잘 알려진 사실이었다.

그 당시에 리치는 그러한 것들이 그저 미신에 불과하다고 생각했다. 그것들은 확실히 과학 시대의 실체와는 어떠한 유사성도 갖지 못하는 몇몇 부족의 집단 상상력이 빚어낸 허구임에 틀림없다고 여겼다. 일종의 인류학적인 호기심에서 콜린그리지는 학생들에게 자기가 수집하고 있는 토착 예술품에 첨가시킬 수 있도록 이런 링 모양의 귀신들 중 하나를 찾아낼 수 있는지 물었다. 한 학생이 곧 그것을 찾아냈기 때문에 리치는 가까이 사는 한 마을 주민으로부터 그것을 구입했다. 그는 그 '물귀신'을 가족의 앞방 문 버팀쇠로 사용하기로 작정했다. 그러나 그것은 잘못된 조치였다. 콜린그리지 가족에게 문제가 계속적으로 발생하기 시작했다. 리치의 아내인 에스더는 심한 두통으로 고통을 겪기 시작했다. 처음에 그녀는 어머니로서 집에서 아이들을 가르치면서 혹은 성경학교에서 가르치면서 받는 스트레스나 대부분의 선교사 부인들이 경험하는 압박감 때문이라고 여겼다. 그러나 이 경우의 두통은 전혀 달랐다. 그것은 정서적으로 혼란시키는 것이었고, 좀처럼 떠나질 않았다. 그러한 두통이 가져다주는 고통은 보통과는 너무도 달랐다. 그 고통은 훨씬 날카롭고 강력했으며, 머리의 이상한 부분들에서 발생했다.

그들의 어린 두 딸은 끔찍한 악몽에 시달리기 시작했다. 그들은 벽에서 들리는 이상한 소리를 들을 수 있었고, 실제로 이상한 것들을 보게 되었다. 어린애들은 종종 리치나 에스더가 촛불을 켜고 그들과 함께 방에서 잘 때에만 잠을 잘 수 있었다. 시간이 지나면서 기괴한 현상들은 훨씬 더 심각해져서, 가족들은 어둠의 권세에 대항해서 기도하기 시작했다. 그런 후의 어느 날 이른 아침에 그들의 기도는 응답되었다. 리치는 불현듯 자기 가정에 발생하고 있는 일들에 대해 확연히 깨닫게 되었다. 하나님은 그들이 아무 생각 없이 자기 가정으로 들여온 '물귀신'을 통해 사탄이 직접적으로 그들을 공격하고 있음을 깨닫게 해 주신 것이다. 리치는 주님이 깨닫게 하신 바를 아내에게 이야기하고, 침대에서 일어나 놋쇠 링을 작업실로 가지고 가서는 해머로 깨뜨려 밖에 내다버렸다.

극적인 변화가 즉각적으로 콜린그리지 가정에 일어났다. 사탄의 공격은 끝이 났고 승리는 주님의 것이었다. 리치가 자신의 경험을 성숙하고 현명한 라이베리아 목사인 제임스 도(James Doe)에게 말했을 때 그는 마치 "그럼 당신은 그럴 줄 몰랐단 말인가요?"라고 말하는 듯이 고개를 끄덕였다.[2]

태국에서의 CCC

내가 알기로 CCC(Campus Crusade for Christ)의 〈예수〉라는 영화는 오늘날 세계에서 사용되는 가장 강력한 복음주의 도구다. 다른 어떤 단일 전도 매체보다 〈예수〉라는 영화를 봄으로써 보다 많은 사람들이 예수를 알게 된다는 것은 논란의 여지가 없다. 그 계획을 책임지고 있는 CCC의 실무자 폴 에슐먼(Paul Eshleman)은 그의 책 「나는 예수를 보았다」(I Just Saw Jesus)에서 매우 흥미 있는 이야기를 했다.

〈예수〉라는 영화를 통해 맺게 된 결실 중에 대표적인 예는 태국이다. 1980년대 초에 CCC가 〈예수〉라는 영화를 사용하기까지 태국에서는 150년의 선교 역사 기간 동안 단지 500여 개의 교회만이 세워져 있었다. 이후 로이 로즈데일(Roy Rosedale)의 연구 결과에 의하면 영화가 방영된 이후 2천 개 이상의 새로운 교회가 8년 동안에 설립되었다.[3]

에슐먼은 어떤 시골 마을에서 그 영화를 상영한 상영 팀의 이야기를 했다. 그들은 그날 밤에 그 마을에서 머무르고 다음 날 집으로 돌아올 계획이었다. 그들은 그 지방의 불교 사찰에서 숙박하게 될 것이라는 말을 들었다. 그러나 그들은 그 사찰이 인근 수마일 내에서 마귀가 극성을 부리는 장소라는 것을 알지 못했다. 그곳에서 잠을 자려던 다른 사람들은 아침이 되기도 전에 도망쳐 나왔고, 소문에 의하면 어떤 사람들은 다음 날 시체로 발견되기도 했다는 것이다.

그 영화 상영 팀이 잠자리에 든 직후 "그들은 끔찍한 짐승 형상의 영적 존재에 의해 곧 잠에서 깨어나게 되었다. 그 방 한구석에 그들이 여태껏 본 중에서 가장 무시무시한 형상이 나타났다. 마치 차가운 얼음덩이로 내려치는 듯한 두려움이 그들 모두에게 엄습했다"고 에슐먼은 기록했다.[4]

이에 놀란 상영 팀은 영화에서처럼, 예수가 행하신 그대로 실행하기로 결정했다. 그들은 함께 기도하고 예수의 이름으로 담대하게 그 마귀를 사찰 밖으로 물리쳤다. 그러고 나서야 나머지 밤을 평화롭게 잘 수 있었다.

다음 날 아침 일찍, 마을 사람들은 그리스도인들이 마귀에 의해 쫓겨나거나 죽임을 당했을 것이라고 확신하고 남겨져 있을 상영팀의 장비를 가지러 왔다. 그러나 상영 팀이 잘 자고 있는 모습을 보고 그들은 "하나님은 어떤 권세보다도 더욱 능력이 있다는 부인할 수 없는 사실"을 깨닫게 되었다.[5]

강조점

내가 이 책에서 변증하려는 가설은 아래와 같다.

> 사탄은 전 세계에 걸쳐 국가, 지역, 도시, 부족, 공동체, 이웃 그리고 인류의 다른 중요한 사회적 조직들을 지배하기 위해 상층 계급의 악령들을 파견한다. 그들의 주된 임무는 하층 계급의 귀신들의 활동을 지휘함으로써 자신들의 영역에서 하나님이 영광을 받지 못하게 하는 것이다.[6]

이러한 가설은 악령이나 귀신의 존재가 합법적으로 어떤 특정한 지역을 장악하고 있는 것으로 여길 수 있는지에 대한 문제점을 즉각 제기해 준다. 나는 그것을 다음 장에서 상세히 다루겠지만, 먼저 언급할 필요가 있는 기본 질문은 이것이다: "귀신은 우상이나 동물, 집 또는 나무나 산 등의 자연 형상물과 같은 특별한 사물에 달라붙어 있는가?" 이 질문에 대한 나의 대답은 "그렇다"이다.

마태, 마가, 누가는 모두 예수님이 가다라 지방의 군대 귀신을 내어 쫓는 이야기를 다룬다. 그 귀신들은 사람에게서 나와 돼지에게로 들어갔다(마 8:28~34, 막 5:1~20, 눅 8:26~39을 보라). 따라서 귀신들이 동물에 달라붙을 수 있다는 것에 대한 성경적인 의문은 없다. 덧붙여서 여기에서 귀신들은 예수님이 사람에게서 자신들을 쫓아내려 하심을 알고 "자기를 그 지방에서 내보내지 마시기를 간구하더니"(막 5:10)라고 한 점을 주목해 볼 필요가 있다.

그 귀신들은 왜 이와 같이 했는가? 분명히 귀신들에게 있어서는 지리적으로 동일한 지역에 머무는 것이 가치가 있으며, 예수님은 그들의 요청을 받아들여 그들을 돼지에게로 보내신 것이다. 아르헨티나 목사인 에두아르도 로렌조의 회중은 지역 귀신을 아드로게로부터 쫓아내는 데 성공했다(제1장 참조). 에두아르도는 할당된 지역에서 쫓겨난 정사의 악령들은 그 지역을 사수하는 데 실패함으로써 상급자인 악령에게 받게 될 심한 처벌을 두려워한다는 것을 밝히고 있다. 요한계시록 2장 13절에서 보면 사탄은 도시와 그 도시의 예배 중심지와 관련되어 있다. 13절에서 소아시아의 버가모는 '사탄의 거하는 곳'으로 불린다.

귀신과 우상

귀신과 우상의 관계를 이해하는 데 있어서 중심적인 성경 구절은 고린도전서 8~10장인데, 여기에서 바울은 우상에게 드려진 고기를 먹는 문제를 다룬다. 그는 "우리가 우상은 세상에 아무 것도 아니며 또한 하나님은 한 분밖에 없는 줄 아노라"(고전 8:4)고 주장하며 포괄적인 가르침을 시작한다. 그리고 나서 수사학적인 질문을 한다: "그런즉 내가 무엇을 말하느냐 우상의 제물은 무엇이며 우상은 무엇이냐"(고전 10:19). 그 답은 물론 "아무것도 아니다"이다. 바울은, "신상을 만들며 무익한 우상을 부어 만든 자가 누구냐"(사 44:10)라고 말하면서 우상을 만드는 자를 비웃고, 또 나무를 사용해 반은 고기를 굽는 데 쓰고 나머지는 우상을 깎아 만들어 "그 앞에 엎드려 경배하며 그것에게 기도하여 이르기를 너는 나의 신이니 나를 구원하라"(사 44:17)고 하는 사람들을 조롱하고 있는 이사야에게 동의하고 있다.

바울은 또한 고린도 교인들에게 귀신과 우상에 대해 이야기를 시작할 때조차도 먼저 하나님이 귀신과 악령을 포함하는 모든 피조물의 절대 주권자 되심을 기억해야 한다고 설명한다. 그는 두 번씩이나 시편 24편 1절을 인용해서 "이는 땅과 거기 충만한 것이 주의 것임이라"(고전 10:26)고 말하고 있다. 그는 선과 악의 힘이 대등하게 보이는 이원론에 빠져들려고 하지 않는다. 욥기에서 명확히 드러나듯이, 사탄과 모든 귀신들은 하나님이 허락하신 힘만을 사용하며 그 이상은 절대로 쓸 수가 없다.

> 바울은 고린도 교인들에게 귀신과 우상에 대해 이야기를 시작할 때조차도 먼저 하나님이 귀신과 악령을 포함하는 모든 피조물의 절대 주권자 되심을 기억해야만 한다고 설명한다.

비록 이와 같이 말하지만, 그럼에도 불구하고 만약 우리가 우상과 같은 물건들이 엄청나게 큰 악의 힘을 품고 있는 잠재력을 가지고 있음을 보지 못한다면, 우리는 자신을 악의 공격을 받기 쉬운 위험한 위치에 내놓는 것이 된다.

> 만약 우리가 우상과 같은 물건들이 엄청나게 큰 악의 힘을 품고 있는 잠재력을 가지고 있음을 보지 못한다면, 우리는 자신을 악의 공격을 받기 쉬운 위험한 위치에 내놓는 것이 된다.

나는 이것이 십계명의 처음 두 계명에 숨겨진 의미라고 믿는다: "너는 나 외에는 다른 신들을 네게 두지 말라 너를 위하여 새긴 우상을 만들지 말고"(출 20:3~4). 우상은 재미있는 게임이나 놀이기구가 아니다. '던전 앤 드래곤'(Dungeons and Dragons, 미국에서 인기 있는 전자오락게임-옮긴이)은 스크래블(Scrabble)이나 체스와는 질적으로 다른 게임이다. '던전 앤 드래곤' 안에 있는 대상물이 단지 나무나 금속, 돌이나 플라스틱 혹은 다른 무엇이더라도 귀신의 존재와 물질적 대상물 사이에는 종종 치명적인 관계가 성립되어 있다. 이것이 바로 바울이 실질적으로 우상의 신전에 들어오라는 초대에 응낙해서 거기에서 우상에게 드려진 고기를 먹는 몇몇의 고린도 교인들에게 설명하고자 한 것이다. 그 고기 자체를 먹는 것이 본질적으로 잘못된 것은 아니다. 시장에서 팔리는 많은 고기가 전에 우상에게 드려진 고기라는 것을 미리 알았어도 바울은 그들에게 가서 아무것도 묻지 말고 그 고기를 먹으라고 했다(고전 10:25을 보라). 그러나 고기와 그 고기가 드려진 우상과는 전혀 별개다.

바울은 이교도가 단순히 나무나 돌 조각에 희생 제사를 드리는 것이 아니라 우상의 신전에서 드리는 것이라고 했다: "이방인이 제사하는 것은 귀신에게 하는 것이요 하나님께 제사하는 것이 아니니"(고전 10:20). 신약학자인 조지 래드(George Ladd)는 이 주요 구절을 언급하면서 말하기를 "우상과 관련된 힘은 악령에게 있다. 따라서 우상에게 경배하는 것은 악령에게 희생 제사를 드리는 것을 의미한다"고 했다.[7] 그리고 레온 모리스(Leon Morris)도 이에 동의했다: "사람이 우상에게 희생 제사를 드릴 때 그것이 아무런 의미가 없는 어떤 중립적 활동을 하는 것이라고 말할 수는 없다. 그들은 사실 악령에게 희생 제사를 드리는 것이다."[8]

이것은 라이베리아 정글 길을 따라 굴러 내려오는 '물귀신'이나 거주하고 있는 귀신이 외부인을 죽이는 것으로 알려진 불교 사찰의 경우에 있어서 어느 정도 신학적이고 학문적인 조명을 해 준다. 실제 귀신은 수많은 다양한 인공물과 자연물뿐만 아니라 동물, 우상, 놋쇠 링, 나무, 산, 빌딩 등에 달라붙어 있다.

이러한 일이 미국에서도 일어나는가

전 세계에서 온 많은 선교사 친구들은 미국에서, 특별히 어떤 미국 교단에서 회중에게 악령과 관련된 그들의 경험을 설명하는 것이 얼마나 위험스러웠던가를 설명했다. 전통적으로 강력한 영적 싸움에 대한 도전을 받아들이길 꺼리는 교단 중의 하나는 남침례회다. 남침례회를 비난하려고 예로 든 것이 아니라, 성령이 교회들에게 말씀하고 계신 바에 귀를 기울인 그들을 칭찬하려는 것이다. 남침례회 해외 선교회의 공식 간행물인 〈지상명령〉(The Commission)의 1991년 2·3월호에서는 귀신 들림과 영적 싸움에 관한 솔직한 기고들을 현저하게 다루고 있다.

하나는 카리브 해에서 그리고 하나는 말레이시아에서 일어났던 두 가지 놀랄 만한 마귀 축출 사건을 설명한 후, 릴런드 웹(Leland Webb)은 "선교사들이 이와 같은 사건들을 고국에서는 교인들과 거의 나누지 않고 있다. 그 한 가지 이유는 이러한 보고들이 미국에 있는 대부분의 그리스도인들의 경험과는 동떨어진 것이기 때문이다"[9]라고 말했다. 그는 계속해서 그러한 이야기를 들은 사람들이 당면한 명백한 딜레마를 지적한다. 만약 그러한 것이 선교 사역지에서 일어난다면, 왜 이곳 고국에서는 일어나지 않는단 말인가?

물론 실제로는 그러한 일이 이곳 미국에서도 일어나고 있다. 남침례회와 같이 현대의 메노파 교도(Mennonites)들은 특별히 귀신과 악령의 존재에 대해 이야기하기를 꺼렸다. 이러한 사실은 뉴저지에서 교회를 세운 리처드(Richard)와 로이스 랜디스(Lois Landis) 부부의 이야기를 한 메노파 교도 데이비드 솅크(David Shenk)와 어빈 슈츠만

(Ervin R. Stutzman)의 증언이 신뢰성을 배가시킨다. 뉴저지 교회의 교인들 중 한 가정이 커다란 어려움을 겪게 되었는데, 그것은 그 가정의 장성한 아들이 자신의 침실 벽에서 무언가를 긁는 이상한 소리 때문에 밤새도록 잠을 자지 못하는 것이었다. 랜디스 목사가 그 가정을 방문했을 때 그는 그 방이 추잡한 로큰롤 사진들과 물건들, 문학 서적들로 널려져 있는 것을 발견했다. 그 가족은 회개하며 죄를 자복하고 그 방을 깨끗이 청소했다. "그러고 나서 그들은 예수의 이름으로 밤중에 벽을 긁어 대는 악령이 영원히 떠나가도록 명령했다." 이러한 영적 싸움의 기도에 의한, 즉 단순하게 행한 믿음의 결과로 "평강이 그 방에 가득하고 성령이 그 침실의 젊은이와 함께 모여 있던 사람들에게 기름을 부으셨고 악령은 완전히 떠나 버렸다."10)

와그너 가정에 나타난 악령

우리는 선교 사역지와 미국에서 악령들이 가정을 점유한다는 이야기를 해 왔는데, 나도 캘리포니아 앨터디너(Altadena)에 있는 내 집에 역사했던 악령에 대해 이야기하려 한다.

1983년으로 돌아가서, 아내인 도리스와 나는 한 달에 한 번씩 우리 가정에서 중보기도 그룹을 인도했다. 어느 날 밤 영 분별의 은사를 가진 두 자매가 거실에 자리 잡고 있는 듯이 보이는 악령의 존재를 감지했다고 말했다. 그러고 나서 얼마 안 되어 내가 집을 떠나 있던 어느 날 밤, 도리스는 그녀의 전신을 사로잡는 강력한 두려움으로 말미암아 밤중에 갑자기 깨어났다. 그녀의 심장은 맹렬히 요동쳤고 방을 가로질러 3미터 크기에 녹광을 발하는 눈과 이빨을 가진 그림자와 같은 형상을 보았다. 그녀의 두려움은 분노로 바뀌었고, 그녀는 예수의 이름으로 악령을 그녀의 방에서 내어 쫓고 아이들의 방에 들어가지 못하도록 명령했다. 그러자 악령은 사라지고 말았다. 몇 주 후에 도리스가 깨어 있을 때 우리는 함께 침대에 있었는데, 이번에는 그녀의 발에 송곳으로 찌르는 듯한 통증이 느껴졌다. 나는 손을 얹고 치유를 위해 기도하고서 다시 잠을 청했다. 그리고 약 10분 후에 나는 그녀의 발이 어떤지 물었다. 그녀는 "고통이 떠나지 않아요. 내 생각엔 마귀의 역사 같아요"라고 말했다. 그래서 이번에는 예수의 이름으로 마귀를 꾸짖었다. 그 명령에 복종해서 고통은 즉각 사라졌고 다시는 악령이 돌아오지 않았다.

레이크 애비뉴 회중교회(Lake Avenue Congregational Church)의 주일학교 학급의 두 친구인 캐시 샬러(Cathy Schaller)와 조지 에카르트(George Eckart)는 도리스와 나를 위해 열심히 기도한 후 우리 집으로 영적 싸움을 위한 기도를 하러 가도록 성령에 의해 인도함을 받았다. 우리는 그들에게 집 열쇠를 주었는데, 그날 오후 우리는 신학교에서 가르치고 있었다.

차에서 내렸을 때 그들은 어떤 보이지 않는 힘이 그들이 정문을 둘러싼 안뜰에 들어서는 것을 물리적으로 방해하는 것을 깨닫고 영적 싸움에 들어섰음을 알았다. 그들은 몇몇의 악령의 존재가 차고에 있음을 분별해서 차고로 가기를 결정했는데, 그중의 하나는 워낙 강력해서 캐시는 실제로 냄새까지 맡을 수 있을 정도였다. 그것들을 내어 쫓은 후 그들은 쉽게 안뜰을 통해 집으로 들어갈 수 있었다. 그들은 세 개의 방에서 악령을 찾아내었고, 가장 강한 악령이 거실에 있음을 예감했다. 그들은 거실에서 우리가 볼리비아에서 선교 사역을 하고 기념품으로 사 온 돌로 만든 퓨마에 그 악령이 달라붙어 있음을 감지했다.

우리는 집에 돌아와서 우리가 아무 생각 없이 거실 벽에 쌓아 놓았던 여러 동물 형상의 가면들뿐만 아니라 퓨마 상을 파괴했다. 그 후 중보기도 그룹이 다시 만나게 되었을 때 그들은 집의 분위기가 변하고 영적으로 청소되었음을 느낄 수 있었다.

와그너 가정의 녹안 괴물(green-eyed monster)

우리가 경험한 영적 사건은 나에게 있어서 중요한 배움의 경험이었기 때문에 나는 그 사건을 〈크리스천 라이프〉(Christian Life)라는 잡지에 칼럼으로 기고했다. 그때까지만 해도 몇몇의 학생들이 나의 기고문을 풀러신학교의 게시판에 붙여서 캠퍼스에 격렬한 논쟁의 중심이 되게 하리라고는 전혀 생각하지 못했다. 그런데 그 논쟁은 약 2주간이나 계속되었다. 와그너의 '녹안 괴물'은 많은 사람들에게 웃음거리와 조롱거리가 되었지만, 일부 다른 사람들은 이와 유사한 경험을 이미 들어 와서 대부분 그 영적 사건을 옹호했다. 그 결말의 하나로, 나는 나의 논쟁적인 행동에 대해 설명하기 위해 학장실에 불려갔다. 비록 이런 경험은 고통스러웠지만, 매니토바(Manitoba)의 위니펙(Winnipeg)에서 아이린 워켄틴(Irene Warkentin)으로부터 편지를 받고 난 수 주일 후에는 고통이 많이 사라졌다. 그녀는 자기 자신을 훌륭한 학문적 자격을 갖춘 선생과 사회학자로 소개했다. 그녀는 자신의 다섯 살배기 아들인 케빈(Kevin)이 의학적으로 설명할 수 없는 극심한 다리의 통증을 경험했다고 말했다. 그녀는 아들의 통증이 내 기고문에 묘사되어 있는 도리스의 통증과 같다고 보았다. 그래서 그녀는 기도하면서 케빈의 침실로 갔는데, 그때 하나님이 무엇이 잘못되었는지를 가르쳐 주셨다고 한다. 그녀는 "그곳에는 미국에서 가져온 개의 흉상이 있었어요"라고 말했다. 그녀는 성령이 그 조각을 파괴하도록 명령하시는 명확한 말씀을 깨달았다.

내가 영적 싸움의 기도라고 부르는 그 기도를 한 후 아이린은 개 흉상을 차고로 가져가서 해머로 부숴 버렸다. "나는 두려움으로 대부분의 일을 해 왔어요. 하지만 그 조각상을 부쉈을 때 내가 느낀 감정은 분노였어요. 나는 너무나 화가 나서 격렬하게 그 조각상을 두들겨 댔어요"라고 그녀는 말했다. 나는 이 사건이 영적으로 중요한 의미가 있다고 보는데, 왜냐하면 아이린 워켄틴은 메노파 교인이고 천성적으로 매우 온화한 자매였기 때문이다. 그녀는 분노가 완전히 사라졌다고 말했다. 물론 케빈의 다리 통증도 완전히 사라졌다.

다른 사람들의 견해

나는 〈크리스천 라이프〉에 기고를 했을 때 받은 조롱과 멸시로 인해 너무나 큰 충격을 받아서 내가 혹시 잘못된 길로 빠져 온 것은 아닐까 하고 염려하기 시작했다. 그래서 나는 혹 다른 사람들이 내 의견에 동의하는지를 알아보려고 책을 찾아보았다. 나는 많은 사람들이 악령이 어떤 집이나 사물을 점유할 수 있고, 실제로 점유하고 있다는 것을 분명하게 주장하는 것을 보고 마음이 놓였다.

나는 곧 영국국교회의 지도자인 마이클 하퍼(Michael Harper)가 나와 유사한 체험을 했음을 발견하고 힘을 얻었다. 그는 아주 예기치 않게 밤중에 들어서서 우울함과 두려움, 특히 죽음의 공포에 시달리기 시작했다. 이것은 그에게 있어서 비정상적인 일인 데다가, 그런 증세가 더욱 심해지자 그는 근심이 가득하게 되었다. 그는 곧 자기 가족이 최근에 구입한 집이 아주 오래된 건물이라 '무언가 좋지 않은 것'이 있으리라고 확신했다. 그래서 그는 영국국교회의 베네딕트회 수도사인 돔 로버트 페티피에르(Dom Robert Petipierre)에게 하룻밤 자신의 집에 머물면서 영적 싸움의 기도를 해 줄 것을 요청했다. 페티피에르는 그 집에서 성찬 예식을 드리고 악령에 대해 규정된 영국국교회의 의식을 따라 모든 방에서 귀신을 쫓아냈다. 마이클 하퍼는 "그날 이후로 집안 분위기는 바뀌었고, 내가 경험했던 그러한 현상은 다시 일어나지 않았어요"라고 말했다.[11]

돔 로버트 페티피에르는 1972년 엑세터(Exeter) 주교가 그러한 현상들에 관해서 조사하기 위해 소집한 특별 조사위원회의 보고서를 편집했다. 그 주교는 영국국교회가 축귀를 백마술이나 중세 미신의 잔존 활동으로 여기고 있다는 입장에서 그 위원회를 구성하게 되었다고 상황을 설명했다. 그것은 보통 부정적인 활동으로 보여 왔다. 그는 영국국교회의 지도자들 대부분이 축귀가 '그리스도 왕국의 영역 확장과 악을 무찌르고 선이 승리하게 한 부활 능력의 선포라는 긍정적인 면'[12]을 간과하고 있음을 염려했다.

그 보고서는 교회나 집 혹은 도시나 시골 등이 유령, 마술 주문, 인간의 죄, 전설, 요정, 심령 현상, 악령 등과 같은 다양한 원인에 의해 사로잡히거나 영향을 받을 수 있음을 나타냈다.[13]

비비안 스테이시(Vivienne Stacey) 선교사 같은 존경받는 기독교 지도자들이 파키스탄의 유령이 출몰하는 집에서 역사하는 악령에 대해 이야기했으며,[14] 제임스 마로코(James Marocco) 목사는 하와이 섬의 몰로카이(Molokai)에 역사한 영적인 억압에 대해,[15] 돈 크로포드(Don Crawford)는 인도네시아의 나무에 깃들어 있는 악령에 대해 보고했다.[16] 그 밖에도 이러한 예는 무수히 찾아볼 수 있다.

악령이 배후에 숨어 있는가

귀신들이 유형의 사물이나 집 또는 지역에 달라붙어 있을 수 있고 붙어 있다는 사실을 알고서 대부분의 사람들이 상당히 불안해함을 나는 충분히 이해할 수 있다. 그러나 페티피에르, 콜린그리지, 아이린 워켄틴과 같은 사람들은 '사물 뒤에 숨은 악령을 본다'는 것을 의심하지 않는다.

내가 아는 사람들 가운데 믿을 만한 축귀 사역을 행하는 수십 명의 기독교 지도자들 중에서 귀신이 모든 사물 뒤에 숨어 있다고 주장하는 사람을 아직 한 사람도 발견하지 못했다. 그러나 우리는 귀신들이 사실 어떤 사물 뒤에 숨어 있다는 데에 동의한다. 그리고 우리가 어느 정도는 성령의 능력으로 말미암아 귀신이 숨어 있는 사물과 악령이 만연한 어떤 자연물을 분별할 수 있으며, 더 나아가 예수의 이름으로 그들을 무찌를 권세를 취하고 하나님의 나라를 위해 그들이 찬탈했던 지역을 회복할 수도 있는 것이다.

이 책에서 나는 당신이 이러한 분별력을 사용하도록 시도해 보기를 원한다. 또한 루이스(C. S. Lewis)가 「스크루테이프의 편지」(The Screwtape Letters)라는 책에서 한 충고에 신중히 귀 기울이기를 원한다.

"우리가 마귀에 대해 빠지기 쉬운 동일하면서도 반대되는 두 가지 잘못이 있다. 하나는 그들이 존재한다고 믿지 않는 것이요, 다른 하나는 그 존재를 믿으면서 그들에 대해 과도하고 불건전한 흥미를 느낀다는 것이다. 마귀들은 그 양자의 잘못을 다 즐거워하며 유물론자와 마술가를 동일하게 환호하며 맞이하는 것이다."[17]

〈토의할 문제〉

1. 당신은 '물귀신'에 대한 리차드 콜린그리지의 체험에 대해 어떻게 생각하는가? 당신은 이런 것을 보거나 들은 적이 있는가?
2. 많은 사람들이 집에 유령이 출몰할 수 있다고 믿고 있다. 그렇다면 악령이 전체 지역을 장악해 다스릴 수 있을까?
3. 유형의 우상과 악령과의 관계에 대해 이야기해 보라.

4. 도리스 와그너는 침실에서 악령을 보았을 때 처음에는 두려움을, 그러고 나서는 분노를 경험했다. 당신도 그러한 감정을 느낄 것이라고 생각하는가?
5. 귀신을 전혀 볼 수 없다는 측과 귀신을 많이 볼 수 있다는 양측에 대해 토론해 보라.

제5장

과거와 현재의 영토권

Territoriality Then and Now

C. PETER WAGNER

성경에서 전략적 차원의 영적 싸움에 대해 가장 진지하게 기록하고 있는 책은 요한계시록이다. 계시록에서는 마귀를 음녀로 표현한다. 이 음녀는 복음에 대한 가장 적대적인 원수이며 핍박과 박해받는 수많은 순교자들의 피를 마시고 취해 있는 존재다.

사도 요한은 환상 중에 그 음녀를 보고 "놀랍게 여기고 크게 놀랍게"(계 17:6) 여겼다. 여기서 음녀란 어느 지역을 영적으로 다스리는 지역 귀신(territorial spirit)을 말한다. 음녀는 세상의 정치적 지도자들과 지속적으로 성적 관계를 맺으며 그들과 한 몸을 이룬다. 성경은 이 음녀가 많은 물 위에 앉아 있다고 기록한다(계 17:1을 보라). 여기서 물은 무엇일까? 이 물은 백성과 무리와 열국과 방언이다(계 17:15을 보라). 여기서 우리가 알 수 있는 사실은, 인간 사회의 조직을 악으로 다스리는 자들마다 초자연적인 악의 존재의 조종을 받고 있다는 것이다. 나는 이처럼 어느 지역이나 조직의 배후에서 영향력을 끼치는 존재를 '지역 귀신'이라고 부르고 싶다.

악령과 지역

악령 혹은 귀신들이 어떤 지리적인 영역이나 문화 그룹, 열방, 도시 혹은 어떤 지방(countrysides)을 할당받아 책임지고 있다는 개념은 현재까지 별로 주목받지 못했고, 더군다나 학문적으로는 거의 관심조차 불러일으키지 못하고 있는 실정이다. 나는 최근에 어느 신학교 도서관에서 어떤 지역을 영적 존재들이 어떻게 다스리고 있는가에 관한 문제를 연구하기 위해 천사와 마귀에 대한 자료를 찾아보았으나 별로 큰 성과를 얻지 못했다. 내가 정독한 100여 권의 책 중에서 단지 다섯 권만이 지역 귀신에 대해 언급했을 뿐이고, 그중에서 세 권은 그 문제에 대해 몇 페이지 내용을 다루었으나 그것도 간접적인 방법으로 접근한 것이었다.

계속 연구하면서 나는 논문집, 정기간행물, 미 출판 서적 등의 다양한 학자들의 자료들을 모을 수 있었는데, 그 대부분이 신학교 도서관에서는 찾을 수 없는 것들이었다. 이 자료 중에서 열아홉 가지 내용을 내가 저술한 다른 책, 「영적 원수를 대적하라」에 삽입시켰다. 이것이 많은 사람들에게 도움이 되었다고 들었다. 어떤 지역에 대한 악령의 지배권은 많은 사람들의 관심을 쉽게 불러일으키고 있는데, 내가 관계를 맺고 있는 사람들은 더욱 큰 관심을 가지고 있다.

신학자로서 이 주제에 대해 깊은 관심을 가지고 있는 예일대학의 수잔 가렛 교수는 흑암의 세력들이 마치 장막처럼 세상을 덮고 있다고 주장하면서 「사탄의 죽음」이라는 책에 자신의 연구 결과를 요약했다. 그의 주장은 다음과 같다.

"흑암의 영역은 영원토록 세상의 영광을 받고자 하는 이 세상의 주관자인 사탄의 영역이다. 사탄의 주위에는 마치 트로피처럼 자신의 소유물로 가득 차 있다. 병자와 눌린 자들이 바로 사탄의 세력에 사로잡혀 있다. 이방인들 또한 사탄의 지배에 복종하며 하나님이 아닌 사탄에게 존귀와 영광을 돌리고 있다."[1]

가렛 교수에 따르면, 이방인이란 특정 지역의 사람들을 말하며 "신약의 누가는 인류 전체가 오랫동안 사탄의 권세 아래 있어 왔고 사탄에게 기꺼이 복종하며 영광을 돌리고 있음을 지적하고 있다"[2]고 보았다.

현대인 중 많은 사람들이 이 지역 귀신에 대한 문제가 특히 세계 복음화와 인류 문화의 발달에 어떻게 연관을 맺고 있는지에 대해 알고 싶어 한다. 그러므로 나는 성경 시대와 오늘의 시대, 특히 현대 인류학과 선교학이 지역 귀신을 어떻게 이해하고 있는지 좀 더 자세히 살펴보도록 하겠다.

구약 시대의 영적 지배권

구약을 보면 그 시대 사람들이(이스라엘까지 포함해서) 귀신과 악령 혹은 다양한 종류의 천사와 같은 영적 힘을 가진 존재들이 일부 지역을 다스리고 있는 것으로 이해하고 있었음을 알 수 있다. 대표적인 예는 여호와가 산당에 대해 맹렬한 분노를 가지신 것이다. 여호와가 이스라엘에게 "그 땅의 원주민을 너희 앞에서 다 몰아내고 그 새긴 석상과 부어 만든 우상을 다 깨뜨리며 산당을 다 헐고"라고 명하신 민수기 33장 52절과 같은 말씀은 셀 수 없이 많다. 앞에서 말한 것처럼 민속품보다 석상과 우상 혹은 산당에 악령이 더 많이 임하는 것은 사실이다. 이 중 많은 것들이 문자 그대로 나중의 신약 성경에서 볼 수 있는 것처럼 정사와 권세라 불리는 악령들의 처소가 되었다.

하나님의 맹렬한 진노 중에 어떤 것들은 산당 자체에 대한 것보다는 그 산당의 귀신에게 경배하고 섬긴 이스라엘에게 향한 것이었다. 아하스는 유다 각 성읍에 산당을 세워 다른 신에게 분향해서 그 열조의 하나님 여호와의 노를 격발하게 하던 사람이다(대하 28:5을 보라). 그 결과는 어떤가? "그 신이 아하스와 온 이스라엘을 망하게 하였더라"고 기록되어 있다(대하 28:23). 계속해서 하나님은 영적 지도자인 선지자들을 통해서 예언하신 대로 이스라엘을 징벌하시고 심판하셨다. 바벨론 포로는 그런 심판의 대표적인 경우다.

모세오경

모세오경은 지역 귀신에 대해서 매우 유익한 자료를 제공하고 있다. 그것은 신명기 32장 8절에 기록된 모세의 노래다. 이 노래는 불행히도 맛소라 원문의 히브리판에서 영어판으로 되는 가운데 원래의 의미가 변화되었다. 예를 들어, 킹제임스판에는 다음과 같이 번역되어 있다.

지극히 높으신 이가 민족들을 그들의 유업으로 나누셨을 때,

그분께서 아담의 아들들을 분리시키셨을 때,

그분께서는 이스라엘 자손의 수에 따라

백성들의 경계를 정하셨으니

문제는 "이스라엘 자손"이란 구절이다. 이것은 원래 지역 귀신과는 아무 관련이 없는 단어다. 이에 대해 신약학자 브루스(F. F. Bruce)는 쿰란 동굴에서 발견된 사해사본에 의거해서 살펴볼 때 주전 250년에 헬라어로 번역된 70인역이 원전을 보다 더 정확하게 전달하고 있다고 주장한다. 70인역본에 의하면 하나님은 이스라엘 후손의 수효대로 민족의 경계를 정하신 것이 아니라 "하나님의 천사"(Angels of God)의 수효대로 정하셨다는 것이다. 이것은 엄청난 차이를 보이는 번역이다.

브루스에 의하면 열국의 통치 권세를 천사의 수효대로 구분하셨다는 것이다. 그리고 이것은 다니엘 10장의 "바사군"과 "헬라군"으로 연결된다고 주장한다. 그리고 최소한 이들 영적 지배자 중의 일부는 에베소서 6장 12절에 나오는 악한 정사와 권세, 즉 "이 어둠의 세상 주관자"임에 틀림없다면서 신약과 연결시키고 있다.[3]

아브라함 시대로 들어가면 구약 시대의 영적 지배권에 대한 충분한 증거를 더 찾아볼 수 있다. 아브라함의 갈대아 우르와 수메르 문명에 대해 연구한 신학자 돈 윌리엄스(Don Williams)는 수메르인들이 '만신전'(pantheon of gods)과 그들의 중앙집권화 된 통치에 의해 지배받았음을 발견했다. 즉 그 지역의 신인 엔릴(Enlil)이라는 악령

이 수장이 되고 그는 하늘의 지시에 따라 자신의 지역을 다스린다. 모든 도시는 그 도시의 신의 소유물이고 시민들은 그 신의 종이다. 그 당시에 아브라함은 여호와가 전 우주의 통치자이심을 깨달은 최초의 사람이었던 것이다.[4] 이때부터 하나님과 지역 귀신과의 차이가 분명해지기 시작했다.

역사서

이스라엘은 주전 900년에 시리아, 즉 아람 사람과 전쟁 중이었다. 시리아의 벤하닷 왕은 이스라엘에 대한 군사 작전을 전개했다. 그의 신하들은 이스라엘의 신은 산의 신이고 시리아의 신은 평지의 신이라고 말했다. 그래서 벤하닷은 평지에 진을 치고 전쟁을 시작했다(왕상 20:23을 보라). 이것은 시리아인들이 지역을 다스리는 영을 인식하고 있었으며, 영적 존재의 지역 지배권을 인정하고 있었음을 보여 준다. 구약의 다른 부분에서도 지역 귀신에 대한 인식은 얼마든지 찾아볼 수 있다. 그 당시 사람들의 지역 귀신에 대한 이해는 영적으로 올바른 것이었다. 문제는 사람들이 여호와 하나님을 어떤 일부 지역을 다스리는 영으로 오해한 데 있었다.

그래서 여호와는 이스라엘의 왕인 아합에게 선지자를 보내셨다. 하나님은 선지자를 통해서 이렇게 말씀하셨다: "아람 사람이 말하기를 여호와는 산의 신이요 골짜기의 신은 아니라 하는도다 그러므로 내가 이 큰 군대를 다 네 손에 넘기리니 너희는 내가 여호와인 줄을 알리라"(왕상 20:28). 전쟁을 시작했지만 단 하루 만에 결판이 났다. 숫자 면에서 열세인 이스라엘이 아람의 군대 십만 명을 단 하루 만에 죽인 것이다. 이는 여호와가 산과 골짜기의 주인이시며, 전 우주의 섭리를 주관하시는 신이심을 극적으로 보여 준 사건이다.

이교도들의 지역 귀신에 대해 가장 특징적으로 다룬 기록은 열왕기하 17장이다. 당시 이스라엘은 영적으로 매우 타락한 상태였다. 그들은 성읍마다 산당을 세우고 모든 산 위에와 푸른 나무 아래에 목상과 아세라 상을 세우고 우상을 섬기는 등 여호와가 행하지 말라 명하신 것을 따라감으로 여호와의 노를 격발시켰다. 뿐만 아니라 하늘의 일월성신을 숭배하며 바알을 섬기고, 심지어 자신의 자녀들을 불 가운데 제물로 바치고 복술과 사술을 행하기도 했다. 이에 하나님이 이스라엘을 제하려 결심하시고 열방으로부터 앗수르로 하여금 이스라엘 땅을 침략하도록 허락하신 것이다.

침략자들은 자신들의 신을 들여왔고 그 신들을 인격화시키기 위해 우상과 사당을 만들었다. 그 신들은 특별한 이름을 가지고 있었다. 바벨론 사람들은 숙곳느봇을, 굿 사람들은 네르갈을, 하맛 사람들은 아시마를, 아와 사람들은 닙하스와 다르닥을 신으로 섬겼고, 스발와임 사람들은 그 자녀를 불살라 아드람멜렉과 아남멜렉이라는 신에게 드렸다(왕하 17:29~31을 보라). 이는 각 족속들이 그들에게 익숙한 이름과 특성을 가진 신들의 지배를 받았고 또 그 신들을 숭배했음을 말해 준다.

예언서

예레미야는 "바벨론이 함락되고 벨이 수치를 당하며 므로닥이 부스러지며 그 신상들은 수치를 당하며 우상들은 부스러진다"고 예언했다(렘 50:2~3). 여기서 벨과 바알은 '주'(Lord)를 의미하며, 므로닥도 '주 므로닥'으로서 '바벨론을 다스리는 신'[5] 혹은 그 지역 귀신을 다스리는 상급 신을 의미했다.

나는 제3장에서 바사군과 헬라군의 이름이 있는 다니엘 10장을 언급한 바 있다. 여기서 그것을 다시 상세하게 설명할 필요는 없지만, 영적 지배권에 대해서는 다시 한 번 강조할 필요가 있다고 생각한다. 구약학자 카일(Keil)과 델리취(Delitsch)는 "바사군"을 페르시아 왕국의 신이라고 결론지었다. 그들은 바사군을 "자연신들의 배후를 조종하는 초자연적인 영적 권세"[6]라고 보았다.

다시 말해서, 구약의 많은 부분이 어떤 초자연적인 영적 존재가 지역과 정치의 영역을 지배하고 있다는 가설에 기초하고 있다는 것이다. 이러한 개념은 중간 시대를 거쳐 신약의 유대인에게 전해져 왔다. 오스카 쿨만은 "모든 족속이 영적 존재에 의해 지배받고 있다는 후기 유대인들의 신념이 다니엘서뿐만 아니라 예수의 지혜서, 시락의 자손, 에녹서 등에 드러나 있다"고 보았다. 또한 탈무드나 미드라쉬에서도 "세상의 정치적 권세가 그러한 지역 귀신의 통치하에 있음을 나타낸다"고 보았다.[7]

> 구약의 많은 부분이 어떤 초자연적인 영적 존재가 지역과 정치의 영역을 지배하고 있다는 가설에 기초하고 있다.

신약

요한계시록 17장의 음녀는 악령이 열방과 족속을 다스린다는 가장 명확한 신약의 증거다. 수잔 가렛은 "누가는 사탄을, 세상을 그의 권세 아래 두고 있는 존재로 여긴다. 사탄은 질병과 귀신에 들리게 함으로써 개개인을 지배하고 있다. 우상을 숭배하고 하나님의 영광을 사탄에게 돌리는 사람들이 사는 모든 왕국을 사탄이 다스리고 지배한다"[8]고 한다. 사탄이 세상을 다스린다는 사실은 마귀가 예수에게 천하만국을 보여 주며 "만일 내게 엎드려 경배하면 이 모든 것을 네게 주리라"(마 4:9)고 시험한 것을 보아도 명백하다.

정사와 권세

제2차 세계대전과 나치의 잔학한 행위를 신학자들은 "우리의 씨름은 혈과 육을 상대하는 것이 아니요 통치자들과 권세들과 … 악의 영들을 상대함이라"는 에베소서 6장 12절의 의미에 부합시켜 논쟁을 거듭했다. 어떻게 영적인 존재가 열방이나 인간의 정부 같은 육체적 세계와 연결될 수 있는가? 정말로 인간사를 다스리는 영적 세력이 존재한다는 말인가? 만약 그렇다면 그들의 본성은 무엇인가? 그러한 논쟁에 참여한 대표적인 학자들의 이름을 들어 보면 G. B. 캐어드(G. B. Caird), 마르쿠스 바르트(Markus Barth), 하인리히 슐리어(Heinrich Schlier), 리처드 마우(Richard Mouw), 존 하워드 요더(John Howard Yoder) 그리고 핸드리쿠스 베르코프(Hendrikus Berkhof) 등이 있다.

그 가운데서도 가장 두드러진 학자는 월터 윙크다. 윙크와 나는 모든 것에 일치하지는 않는다. 그러나 사회에 어떤 악한 존재가 역사하고 있다는 사실에는 서로 동의한다. 윙크에 의하면 초대 교회 신자들은 "모든 열방과 족속과 방언과 민족들이 어떤 영적 세력에 의해 지배받고 있다"[9]는 사실을 알고 있었다.

나와 마찬가지로 윙크도 신명기 32장 8~9절과 다니엘 10장이 "세상을 지배하는 영적 세력에 대해서 가장 완벽한 성경적 모델을 제시한다"[10]고 주장한다. 그는 '전투적 기도' 라는 용어를 사용하지는 않았다. 그는 이렇게 말한다.

> "기도 안에는 새로운 요소가 있다. 악령들이 하나님의 뜻에 저항하는 세력이 되고 있다는 사실은 모든 발생하는 세상일의 원인이 무조건 하나님에게 있다는 사고방식을 바꾸어 준다. 기도는 우리를 변화시킬 뿐만 아니라 하나님을 위한 잘못된 생각도 변화시킨다."[11]

결국 윙크의 주장은 "역사는 기도에 달려 있다"[12]는 것이다. 그리고 나도 이 말에 전적으로 동감한다.

윙크는 권세를 하늘의 초월적 존재라기보다 "사회적 실재 안에 있는 영적인 속성"[13]으로 보았다. 그런가 하면 로널드 사이더(Ronald J. Sider)는 권세를 "인간의 사회 정치적 구조를 점령해서 특이한 방식으로 그 구조를 형상화시키는 불가시적인 영적 세력"[14]으로 정의했다. 이처럼 학자들은 보이는 구조의 보이지 않는 권세로서 영적 세력을 설명하고 있지만, 나는 이러한 정사와 권세가 바로 악한 영인 귀신이라고 믿는다.

나는 레온 모리스의 다음과 같은 말에 전적으로 동감한다: "악령과 그 악한 영으로 말미암은 세상의 무익함을 해결하는 것이 그리스도의 구속 사역임을 깨닫지 못한다면 바울의 그리스도 구속에 대한 개념을 이해할 수 없을 것이다."[15] 전반적으로 나는 윙크나 사이더 그리고 그 외의 사람들이 생각하는 대로 사회적 구조 자체가 악한 것으로 나타나는 것이 악령의 역사라는 말에 반대하지 않는다. 그러나 나의 주장은, 나무나 돌과 같은 우상을 악령이 이용하듯이 모든 가시적 실재를 귀신이 사용하고 있다는 것이다.

그런 점에서 귀신 들린 사람은 그 사람의 본질 자체가 마귀적이라기보다는 마귀의 권세에 희생을 당한 것이라고 할 수 있다. 사회적 구조도 그 자체는 악한 것이 아니다. 단지 지역 귀신이라고 부르는 매우 악하고 강력한 마귀의 인격에 의해 귀신 들려 있을 수 있는 것이다.

이러한 나의 견해는 일면 희망의 신학이 될 수 있다. 즉 귀신 들린 사람이 치료될 수 있듯이 사회 조직도 영적 싸움의 기도를 통해 악한 영의 지배에서 해방될 수 있기 때문이다. 역사가 중보자의 기도에 달려 있다고 믿는 이유가 여기에 있다.

> 귀신 들린 사람이 치료될 수 있듯이 사회 조직도 영적 싸움의 기도를 통해 악한 영의 지배에서 해방될 수 있다. 역사가 중보자의 기도에 달려 있다고 믿는 이유가 여기에 있다.

에베소의 아데미

바울이 구브로에서 "바예수" 혹은 "엘루마"라고 하는 거짓 선지자와 능력 대결을 한 것은 지역 귀신과의 싸움일 가능성이 많다(행 13장을 보라). 물론 그 귀신의 이름이 없으므로 확실한 것은 알 수 없으나, 바울이 빌립보에서 여종으로부터 점하는 귀신을 내어 쫓을 때도 이와 같은 상황이었다(행 16장을 보라). 나는 그것이 지역 귀신의 역사라는 것을 확신하지만 결정적인 증거는 없다.

그런데 에베소에서 바울이 만난 사건은 조금 다르다. 여기서 에베소를 다스리는 영은 다이아나(라틴어) 혹은 아데미(희랍어)였다. 탤벗신학교의 클린턴 아놀드 박사는 "아데미 숭배를 에베소의 배경과 관련해서, 특히 악한 권세와 연결시켜 언급하는 학자가 없음"[16]을 개탄한 바 있다. 그는 아데미 숭배를 제외한 채 에베소의 정사와 권세를 이해하는 시도가 잘못된 것임을 못 박았다.

내가 아놀드의 견해에 동의하는 이유는 에베소의 지도자들이 바울 때문에 그들의 여신인 아데미의 전각이 소홀히 되고 그 위엄이 떨어질 것을 두려워했다는 사실 때문이다(행 19:27을 보라). 그들은 "온 아시아와 천하"가 그 여신을 경배하고 있음을 자랑했었다. 서기장은 "에베소 시가 큰 아데미와 제우스에게서 내려온 우상의 신전지기가 된 줄을 누가 알지 못하겠느냐"고 외쳤다(행 19:35). 클린턴 아놀드의 역사적 연구 조사에 의하면 아데미는 골로새, 라오디게아, 히에라폴리스와 아시아 전역에서 숭배되고 있었음이 분명하다.

아데미의 권세는 가공할 만한 것이었다. 아놀드는 "에베소의 아데미는 탁월한 우주적 능력을 가진 존재였다"고 말한다. 아데미가 그 능력으로 추종자들을 잔혹한 운명에서 구원할 수 있다고 여겨진 것이다. 사람들은 아데미를 '구세주', '주님', '우주의 여왕' 등으로 불렀다. 아데미 상은 그 목 주위에 12궁을 두르고 있었는데 "점하는 귀신보다 월등한 정사와 권세를 소유한 것"[17]으로 믿어졌다.

전도 능력의 방출

에베소의 아데미를 지역 귀신으로 보고 그것을 무력화시키는 것이 곧 에베소의 복음화의 길이라고 믿는 것은 무리가 아닐 것이다. 에베소에서 "주의 말씀이 힘이 있어 흥왕하여 세력을" 얻었다는 것은 확실하다(행 19:20). 에베소 교회가 강하게 성장했을 뿐만 아니라 아시아에 사는 자는 유대인이나 헬라인이나 다 주의 말씀을 듣는 역사가 일어남으로써 당시 전 지역의 전도 중심지가 되었다(행 19:10을 보라).

성경 외에 다른 역사적 자료를 보아도 초기 그리스도인들이 아데미에 대해 가졌던 신앙 형태를 알 수 있다. 아놀드는 안드레행전(The Acts of Andrew)에서 아데미 신상 옆의 바위에 수많은 다른 귀신들이 있었다고 기록된 것을 인용한 바 있다.[18]

예일대학의 램지 맥뮬런(Ramsay MacMullen) 교수는 로마 제국의 기독교화 과정을 기독교와 다른 영적 세력 간의 능력 대결로 보았다. 그에 의하면 요한행전(The Acts of John)에 아데미와 관련된 능력 대결의 이야기가 있다고 한다. 아마 요한은 바울과 달리 전략적 수준의 영적 싸움을 위해 아데미 신전에 갔을 것이다. 요한은 이렇게 전투적 기도를 드렸다고 한다: "오 하나님, 주의 이름으로 모든 우상과 마귀와 더러운 권세를 멸하소서. 이곳에 있는 마귀도 당신의 이름으로 내어 쫓아 주옵소서." 바로 그 순간에 아데미의 제단은 산산조각으로 부서졌고 신전 건물도 절반 이상 붕괴되었다고 한다.[19]

역사는 이 같은 능력 대결이 복음 전파에 직접적인 영향을 끼쳤음을 보여 준다. 요한행전은 요한의 이러한 능력 대결 후에 에베소인들이 그의 놀라운 이적 때문에 변화 받았음을 기록하고 있다. 아놀드의 조사에 의하면 "기독교의 유입과 확장으로 결국 에베소의 아데미 숭배는 종말을 고했다"[20]고 한다.

오늘의 영적 지배권: 인류학

문화인류학의 발달은 초자연적 세계관을 이해하지 못하면 전 세계 각 종족들의 생활 방식, 가치, 형태 등을 완전히 이해할 수 없다는 사실을 깨닫게 해 준다. 풀러신학교의 찰스 크래프트 교수는 그의 책 「능력 그리스도교」(Christianity with Power)에서 이 점을 잘 설명한다.

크래프트는 서구인들이 세계를 자연과 초자연으로 양분하면서 초자연을 계속 무시하고 있다고 주장한다. 그는 또 이렇게 주장한다.

"그리스도인으로서 우리는 하나님이 우리의 모든 생활에 함께하신다고 믿는다. 그러면서도 우리는 불신자나 세상 사람들처럼 우리의 생각과 행동을 자연적인 차원에만 두려고 한다."[21]

이러한 이유로 초자연적인 세계관을 가진 대다수의 다른 족속을 이해하는 데 어려움을 겪는다는 것이다.

성경 번역을 도와주는 제이콥 로웬(Jacob Loewen)이라는 학자는 구약성경이 종종 '신'(deities)이라고 불리는 악령들의 영적 지배권을 다루고 있다고 믿는다. 그는 호세아서를 인용하면서 호세아는 그 당시 여호와를 일개 일부 지역을 다스리는 신으로만 이해하는 이스라엘을 호되게 꾸짖었다고 주장한다. 그는 "호세아서의 상황은 오늘의 아프리카 상황과 매우 유사하다고 생각한다. 아프리카에서는 정복자들이 피정복자들의 신을 용납하는데, 그 이유는 피정복자들의 신이 그 땅을 다스리고 있다고 믿기 때문이다"라고 말한다.[22]

로웬에 의하면 중남미에서도 영적 존재들은 지리적 현상의 '소유주'로 인식되고 있다는 것이다. 유목민 인디언은 이주하려는 지역의 신이 허락하지 않으면 절대로 이동하지 않는다고 한다. 그들의 믿음은 "사람은 절대로 땅을 소유할 수 없으며 단지 사람을 받아들이는 지역 귀신의 허락을 받고 땅을 사용할 수 있을 뿐이라는 것"이다.[23]

데이비드 랜(David Lan)이라는 인류학자도 짐바브웨의 게릴라 전투를 영적 매체의 활동과 연관시켜 설명한다. 영적 매체는 죽음의 신이라는 몬도로(Mhondoro) 영에 의해 사로잡혀 있는 것들이다. 이

몬도로는 "전투자들이 정복한 땅이나 혹은 그들이 살던 땅을 지배하는 귀신이다. 모든 땅은 영적 영역의 일부로 여겨졌다"[24]고 한다. 비록 불신자였지만 랜 박사는 우리에게 영적 도해가 세계 복음화를 위해 얼마나 중요한지를 깨닫게 하는 근거를 제시해 주었다는 점에서 높이 평가할 만하다.

남부 멕시코의 영적 지배권

선교 현장에서 영적 지배권에 대해 연구한 가장 좋은 케이스는 버넌 스터크(Vernon Sterk)의 경우다. 그는 남부 멕시코에서 초칠(Tzotzils) 인디언과 함께 20년 이상 살면서 복음을 전하고 있다. 초칠 부족들은 부족들의 신을 이름으로 구별한다. 또한 다른 악령들의 이름도 알고 있다. 예를 들어, 야주발발라미는 병을 다스리고, 포슬롬은 밤에 종기를 가져다주며, 지카레틱은 약탈과 강간의 귀신이다.[25]

스터크에 의하면 "초칠 부족의 악령들은 자신의 지역을 할당받았으며, 비록 훨씬 더 뛰어난 것같이 보이는 악령일지라도 자신의 지역적 한계선을 확실하게 가지고 있다"[26]는 것이다. 지역 귀신이 강력할 때는 새롭게 개종한 그리스도인들이 쫓겨나가기도 했다. 초칠 인디언들은 자신들의 수호신 혹은 지역 귀신의 보호를 상실할 것을 두려워해서 좀처럼 자신들의 지역에서 떠나지 않으려는 경향이 있었다.

버넌 스터크는 복음 전파가 영적 싸움이라는 사실을 굳게 믿었고, 또 영적으로 깨어 있는 선교사의 수효가 빠른 속도로 증가하고 있다고 말한다. 그는 전략적 수준의 영적 싸움에 대해 훈련받은 적이 전혀 없었다. 그러나 영적 싸움으로서의 기도가 초칠 인디언의 영적 추수를 위해 결정적인 수확을 하게 할 것을 굳게 믿으면서 더 나은 미래를 바라보고 있다.

스터크는 다음의 말로 결론을 맺는다.

"나는 예수의 이름으로 이 모든 악령을 물리칠 권세가 우리에게 있음을 믿습니다. 그리고 교회 성장은 경이적인 것이 될 것입니다. 선교사들이나 추방당한 지나칸테코 지역의 그리스도인들은 이 같은 지역 귀신에 대한 개념을 알지 못했습니다. 특히 나벤초크 지역에서 있었던 사탄의 권세에 대항해 평범한 기도 이상을 실행하지 않았는데, 그 결과 교회 성장이 둔화되고 결국은 멈추고 말았습니다." [27]

나는 스터크나 수많은 선교사와 전도자들이 세계 복음화를 위해 불타는 소명을 가지고 하나님의 나라를 확장하기 위해서는 영적 싸움으로서의 기도를 배워야 한다는 사실을 깨달았으면 한다.

〈토의할 문제〉

1. 지금까지 신학자들이 지역 귀신에 대해 큰 관심을 가지지 않은 것에 대해 어떻게 생각하는가?
2. 이 장은 구약 시대의 지역 귀신에 대해 여러 가지 예를 들었다. 당신이 알고 있는 경우가 있는가?
3. 여호와 하나님을 일개 지역 귀신의 하나로 보았던 이스라엘의 실수는 무엇이 문제였는가? 오늘날에도 유사한 위험성이 있다고 보는가?
4. 당신은 정부나 기업체와 같은 사회 조직이 악령에 사로잡힐 수 있다고 생각하는가? 그러한 경험이나 지식이 있으면 말하라.
5. 당신은 인류학자들이 서로 다른 부족들 가운데서 밝혀낸 정보에 대해 믿을 수 있다고 보는가? 이른바 원시적인 족속이 우리보다 영적 세계에 대해 더 잘 알고 있다고 생각하는가?

제6장

영적 전사를 무장시켜라

Equipping the Warriors

C. PETER WAGNER

젊은이들이 해병대에 입대하면, 그들은 먼저 신병 훈련소에 입소한다. 그곳에서 그들은 민간 생활에서 군대 생활로 넘어가는 데 있어 분기점이 되는 집중적이고 기초적인 훈련을 받게 된다. 신병 훈련소의 가장 주요한 목적은 해병대원이 전투의 위기 상황 속에서 지탱할 수 있는 품성을 계발하는 것이다. 이것은 부분적으로는 근력과 지구력을 강화하기 위해 고안된 엄격한 육체적 훈련을 통해 이루어진다. 그러나 더 중요한 것은 모든 해병대원이 해병대의 임무를 신뢰하고 용기와 자기절제를 배양하며, 아무런 이의 없이 권위에 순종하고 명령에 복종하도록 완전한 준비가 되게 하는 데 필요한 정신적 상태다.

신병 훈련소에서의 기초적 훈련 없이는 전쟁에서는 말할 것도 없고 소규모 전투에서도 결코 이길 수 없다.

영적인 신병 훈련소

기초 훈련은 영적 전투를 행하려는 그리스도인에게도 똑같이 적용된다. 너무나 많은 그리스도인들이 영적 전투를 위해 영적인 군사로서 무장하는 데 필수적인 훈련에는 먼저 복종하지 않으면서 그러한 활동에는 참여하기를 원하고 있다. 그렇게 함으로써 그들은 자신을 심각한 개인적 공격에 방치하고 있을 뿐 아니라 그리스도의 몸인 교회에 불명예를 가져다주는 위험을 감수하고 있는 것이다.

영적 전투는 두 가지 동시적 운동(상부 지향적과 외부 지향적)을 포함해서 나타나야 한다. 어떤 사람들은 이것을 하나님 지향적과 사탄 지향적이라고도 부른다. 지난 세기의 변환기에 기독교의 고전이 된 「은밀한 대화의 기도」(Quiet Talks on Prayer)에서 고든(S. D. Gordon)은 "기도는 세 가지에 연관되어 있다"고 지적한다. 그것은 첫째로 우리가 기도하는 대상인 하나님과, 둘째로 기도하는 당사자인 사람과, 셋째로 우리가 기도로써 대적하는 악한 영과 연관되어 있다. 고든은 "기도의 목적은 하나님을 설득하거나 하나님에게 영향력을 끼치려는 것이 아니라 원수에 대항해서 그분과 함께 그분의 능력에 참여하는 것이다"라고 말한다. 사탄에 대항해서 하나님에게 참여하는 것이 기도의 본질이다. 그는 또한 "실제적인 기도의 목표는 하나님을 향한 것이 아니라 사탄을 대적하는 것이다"라고 말한다.[1]

비록 영적 싸움에 있어서의 우리 목표가 하나님에게 참여함으로써 무찌르는 것이지만, 여기서 우리가 결코 잊지 말아야 할 것은, 우리 자신은 적을 무찌르는 아무 능력이 없다는 것이다.

"이는 힘으로 되지 아니하며 능력으로 되지 아니하고 오직 나의 영으로 되느니라"(슥 4:6). 여기에서 원칙은, 먼저 충분한 상부 지향적 운동이 없이 너무 외부 지향적인 운동을 시도하는 것은 위험하다는 것이다. 상부 지향적 운동이 영적인 신병 훈련소라면, 외부 지향적 운동은 실제 전투다. 해병대원의 경우와 같이 먼저 신병 훈련소를 통과하지 않으면 전투에서 승리할 수 없다.

이제 단순한 도표를 사용해서 내가 말한 바를 구체적인 개념으로 형상화하는 것이 도움이 되리라고 생각한다. 나는 상부 지향적, 외부 지향적 범위를 1부터 10까지 임의로 정했다. 비록 이러한 숫자들이 매우 주관적인 것이지만 영적 싸움에 있어서 내가 제시할 수 있는 최상의 충고는 항상 외부 지향적보다는 상부 지향적으로 더 높은 눈금을 유지하라는 것이다.

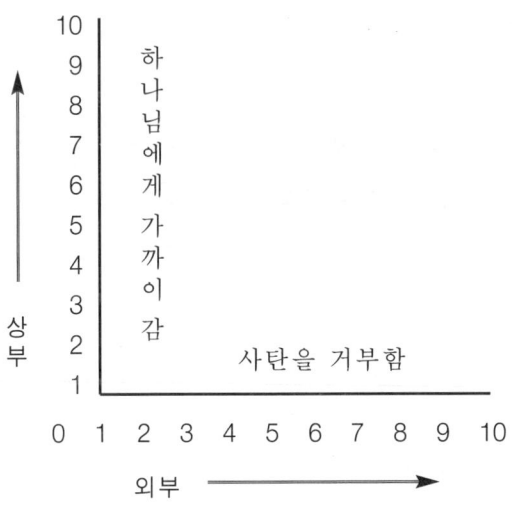

이 장은 도표에서 상부 지향적 측면, 즉 개인적이고 영적인 기초 훈련에 대해 다루게 된다. 그리고 이 책의 나머지 부분에서 우리의 전투 계획과 사탄 지향적 운동이 무엇을 의미하는지에 대해 좀 더 상세하게 다루게 될 것이다. 그러나 순서는 변화될 수 없다. 우리는 먼저 하나님 지향적 측면을 살펴봐야 한다.

야고보는 그 방법을 알려 준다

야고보서 4장 7~8절은 상부 지향적으로부터 외부 지향적으로의 관계를 이해하게 하는 핵심 구절이다.

"그런즉 너희는 하나님께 복종할지어다 마귀를 대적하라 그리하면 너희를 피하리라 하나님을 가까이하라 그리하면 너희를 가까이하시리라 죄인들아 손을 깨끗이 하라 두 마음을 품은 자들아 마음을 성결하게 하라"

7절에서의 "하나님께 복종할지어다"는 상부 지향적 또는 하나님 지향적 관계고, "마귀를 대적하라"는 외부 지향적 또는 사탄 지향적 관계다. 이 구절들은, 만약 우리가 성공적으로 마귀를 대적하려면 반드시 행해야 할 세 가지 요소를 제시함으로써 수직 지향적 운동을 상세히 설명하고 있다. (1) 하나님에게 복종하라, (2) 하나님을 가까이하라, (3) 손을 깨끗이 하고 마음을 성결하게 하라. 이러한 것들이 영적 군사를 무장시키기 위한 영적인 신병 훈련소의 세 가지 본질적 요소들인 것이다.

1. 하나님에게 복종하라

우리는 거의 모든 것이 허용되는 사회에 살고 있다. 오늘날 많은 성인들은 가족을 인도하고 보호하며, 부양하고, 자식들로부터 사랑과 존경을 받으며, 또한 순종을 기대하는 그러한 자상한 아버지로서의 자질을 결코 배울 수 없는 역기능적인 가정 속에서 성장해 왔다. 비그리스도인뿐 아니라 몇몇 그리스도인들조차도 "네 부모를 공경하라"는 계명과 "자녀들아 주 안에서 너희 부모에게 순종하라 이것이 옳으니라"(엡 6:1)는 성경상의 훈계를 실천하는 데 어려움을 겪고 있다. 오늘날에는 종종 순종보다는 반항이 훨씬 더 일반적인 태도인 것처럼 보인다.

육신의 아버지에게 가까이 순종하지 않는 그리스도인들이 하늘의 아버지에게 순종할 수는 없는 것이다. 그들은 하나님에게 사랑과 온유와 자비와 치유하심을 구하나 순종과 행함을 요구하시는 하나님의 뜻과는 동떨어져 있다. 그들은 "예수님은 주님이십니다"라는 말의 참의미를 완전히 깨닫지 못하고 있는 것이다. 신약이 기록되던 1세기 사회에서 종이 주인에게 순종해야 한다는 것은 누구에게나 너무도 당연한 논리였다. 하나님에게 절대적으로 순종하지 못하는 그리스도인은 상관의 명령에 순종하지 않는 해병대원의 경우보다도 훨씬 더 심각해서 영적 싸움에 참여할 수 없는 것이다.

성경은 순종에 대해 몇 가지 매우 강력한 용어를 사용한다. 우리가 하나님을 알고 있음을 어떻게 알 수 있는가? "우리가 그의 계명을 지키면 이로써 우리가 그를 아는 줄로 알 것이요"(요일 2:3). 신약 성경은 오늘날 일부 사람들이 생각하듯이, 하나님을 사랑하는 것과 하나님에게 절대 복종하는 것이 서로 대립되는 것이 아니라고 가르친다. 성경은 분명히 "하나님을 사랑하는 것은 이것이니 우리가 그의 계명들을 지키는 것이라 그의 계명들은 무거운 것이 아니로다"(요일 5:3)라고 말한다.

하나님에게 복종하는 것이 영적 신병 훈련소의 첫 번째 과제다.

2. 하나님을 가까이하라

하나님을 가까이하라는 것이 두 번째 과제다. 이것은 우리의 개인적인 기도 생활과 관련되어 있다. 일반적으로 기도는 여러 가지 매우 중요한 요소들을 포함하는 상당히 폭넓은 주제다. 그러나 효과적인 영적 싸움을 수행하기 위해 그리스도인에게 있어 개인적인 기도보다 더 중요한 것은 없다.

왜 개인적인 기도가 그렇게 중요한가?

개인적인 기도 생활은 우리와 하나님과의 관계의 질을 측정하는 데 사용되는 중요한 척도다. 나는 존 윔버의 의견에 동의하는데, 그는 "기도로써 하나님과 친숙해지는 것이 신앙생활의 일차적인 목표다"라고 말한다. 예수 그리스도는 우리의 모본이 되신다. 예수님이 아버지의 행하시는 것을 보시고 그대로 행하심으로(요 5:19을 보라) 확실한 본이 되심은 세상이 다 아는 사실이다. 윔버는 "왜 우리의 목표가 하나님과의 친밀함이 되어야 하는가?"라고 묻고서 그에 대한 명쾌한 답을 제시한다. 즉, "우리가 하나님과 밀접한 관계를 유지함으로써만이 그의 자비하심과 새롭게 하심과 정의로운 삶을 영위하게 하는 능력을 체험할 수 있다. 하나님과의 친밀한 관계 앞에서만 우리는 그의 음성을 들을 수 있고, 그의 뜻을 알 수 있으며, 하나님의 깊은 마음을 통찰할 수 있는 것이다."[2]

> 개인적인 기도 생활은 우리와 하나님과의 관계의 질을 측정하는 데 사용되는 중요한 척도다.

어찌되었든지 하나님을 가까이하는 데는 시간이 걸린다. 만약 우리가 기도하려고 작정했다면, 우리 생활에서 최우선적이고 가장 중요하게 이행해야 할 원칙은 일정 시간을 기도를 위해 따로 떼어 놓는 것이다. 일단 시간을 따로 정해 놓으면 일종의 영적인 파킨슨 법칙(Parkinson's Law)이 작용해서 시간을 유용하게 채우기 위해 더욱 성장 발전할 수 있게 된다. 시간을 따로 정하지 않은 사람, 특히 "나는 쉬지 않고 기도해요"라고 강변하면서 그나마 마지못해 기도하는 것을 합리화시키는 사람들은 결국 기도를 거의 하지 않게 된다.

그들이 기도하기 위해 많은 시간을 헌신하지 않는 한 가지 이유는 기도를 즐기지 못한다는 데 있다. 내 딸 룻(Ruth)은 집에 있을 때면 설거지하는 것을 매우 싫어한다. 내가 수년 동안 그녀를 관찰하면서 흥미를 느낀 것은 우리가 저녁 식사를 끝내고 나면 그 즉시로, 항상 그녀에겐 가장 급박하고도 중요한 일이 발생하곤 했다. 그녀가 설거지하는 것을 싫어하기 때문에 그 시간이면 항상 그보다 더 중요한 일이 생기는 것이다.

많은 그리스도인들이 개인적인 기도에 대해 이와 같이 동일한 태도를 가지고 있다. 항상 더 급박하게 해야 할 일이 있는 것처럼 보인다. 다른 일들을 더 우선적으로 해야 하기 때문에 기도 시간은 항상 부족하다. 어떤 사람들은 "기도하기가 너무 어려워요"라고도 말한다. 기도의 본질이 진실로 하나님 아버지와 친밀한 관계를 맺는 것일진대, 그래서인지 나는 그렇게 말하는 사람들을 이해하기가 어렵다. 그것은 마치 "내 아내 도리스와 시간을 보내는 것은 너무 어려워요"라고 말하는 것과 같다. 그러나 나는 두 가지 이유 때문에 결코 그렇게 말하지 않는다. 첫째, 그것은 힘든 노동이 아니라 참된 기쁨이기 때문이다. 둘째, 내가 그렇게 말한다면 그녀는 모욕으로 여길 것이고 나는 그녀에게 불평조차 할 수 없을 것이다. 하나님이 그런 모욕적인 태도를 받는 것이 합당하다고 여기는가?

기도를 즐기라. 어떻게 하면 개인적인 기도가 훨씬 더 즐거워질 수 있을까?

나는 기도를 주제로 다룬 다른 책에 개인적인 기도에 대해 보다 더 자세히 쓰려고 한다. 하지만 전투를 위해 영적인 군사를 준비시키는 데 있어서 강력한 개인적 기도 습관을 발전시키는 것은 매우 중요하기 때문에, 기도를 더욱 깊이 즐길 수 있도록 하는 데 상당한 도움을 줄 수 있는 다섯 가지 원칙을 간략히 언급하고자 한다.

장소(The Place): 당신이 일상적으로 기도할 수 있는 안락하고 평화로운 장소를 찾으라. 편하고 친숙한 장소는 당신으로 하여금 더 빠르고 자연스럽게 기도하는 태도를 갖게 할 것이다. 마음을 안정시키기 위해 커피나 주스를 한 잔 마시는 것도 좋다. 기도하는 데 있어서 편안한 마음 상태를 갖는 것은 나쁜 일이 아니다.

시간(The Time): 나는 매일의 기도 시간을 갖는 데 있어서 합리적이고 장기적인 목표로 1시간이 좋다는 래리 리의 의견에 동의한다. 나는 또한 이것이 많은 사람에게 있어서 일생의 목표가 될 수는 있으나 규칙적인 습관이 되기는 어렵다는 사실을 이해한다. 만약 당신이 이제 걸음마하는 단계라면 단기의 목표를 설정하고 점차로 시간을 증가시키도록 계획하라. 만약 이것이 당신에게 너무 무리한 요구처럼 들린다면 먼저 5분으로 시작하고, 그리고 나서 10분으로 늘리도록 하라. 내 생각에는, 비록 전략적 수준의 영적 싸움을 위해서는 불충분할지라도 매일의 5분 기도가 3일마다 한 번 15분씩 기도하는 것보다 훨씬 가치 있다고 본다.

태도(The Attitude): 당신의 기도 시간이 하나님과의 인격적인 만남이 되도록 집중하라. 나는 존 비사그노(John Bisagno) 목사의 이 말을 좋아한다: "기도는 두 인격체 간의 대화요, 연합이며 결합이다. 하나님이 내게 말씀하시고 또한 나도 하나님에게 말하는 것이다." 그러나 많은 사람들에게 있어서 이러한 일이 일어나게 하려면 어느 정도의 노력과 경험이 요구되는데, 그것은 우리가 하나님의 말씀을 듣는 데 익숙해 있지 않기 때문이다. 비사그노는 "하나님 앞에 잠잠히 기다리는 것은 그저 추상적으로 시간을 보내는 것이 아니다. 그것은 명백한 영적 훈련으로서 우리가 하나님에게 아뢴 후에 하나님이 우리에게 말씀하시도록 하는 것이다"[3]라고 말했다. 하나님이 말씀하시는 것을 듣는 것보다 기도를 더 즐겁게 하는 것은 거의 없다. 몇몇의 숙달된 기도자들은 하나님이 말씀하신 바를 기록하기까지 하는데, 그것을 '일지'(journaling)라고 부른다.

형식(The Format): 나는 전체 기도 시간을 위한 일상적 형태로서 주 기도문을 사용하기를 강력히 제안한다. 이러한 제안은 마틴 루터(Martin Luther) 시대 이래로 종종 주어져 왔던 것이지만, 내가 가장 추천하고 싶은 현대적 책자는 래리 리의 「한시 동안도 깨어 있을 수 없더냐」(Could You Not Tarry One Hour)이다.

질(Quality): 경험적으로 볼 때 보통 기도의 질은 기도의 양에 비례하지만, 그렇다고 기도의 양이 기도의 질에 비례하지는 않는다. 개인 기도 생활을 발전시키는 데 있어서는 졸음이나 공상에 빠지지 않도록 해야 한다. 기도의 질은 많이 기도할수록 향상될 것이다. 나는 일전에 마이크 비클(Mike Bickel)이 "당신의 기도를 위해 60분을 정해 놓았더라도 아마 처음에는 겨우 5분 정도만 제대로 된 기도를 했을 거요"라고 말한 것을 들었다. 그러나 그 5분이 10분이 되고, 10분이 20분이 되면서 기도의 질은 증가하는 것이다.

기도를 즐기는 것이 바로 당신이 영적 전투를 위해 잘 준비되고 있다는 확실한 증거다.

금식하라. 때때로 제자들이 귀신을 내어 쫓는 데 실패할 때 예수님은 기도와 금식이 아니면 이런 유가 나타날 수 없다고 가르치셨다(마 17:21 주석을 보라). 기도를 통해 하나님을 가까이하는 것이 필수적인 것과 같이 금식을 통해 하나님을 가까이하는 것 또한 필수적이다. 그래서 금식하는 법을 배우는 것도 영적인 신병 훈련소의 일부분이다.

이 책을 읽는 많은 사람들이 숙련되고 실질적인 금식가가 될 것이다. 이 짧은 단원은 당신을 위한 것이 아니라 초보자들을 위한 것이다. 비록 여러 종류의 금식 방법이 있지만 그 가운데서 가장 일반적이면서도 초보자를 위해 내가 권하고 싶은 것은, 주어진 기간 동안 물만 마시고 다른 음식은 먹지 말고 금식하라는 것이다. 물에 대해서는 모든 사람들도 필수적이라고 생각한다. 어떤 사람들은 커피나 차를 곁들여 마시기도 하고 과일 주스를 마시기도 한다. 또한 모든 사람들이 밀크셰이크 같은 것을 먹는 것은 너무 지나치고 금식의 정신에 어긋난다고 말하고 있다. 어찌되었든지 금식은 계획적인 자기부인의 훈련이며, 이 영적 훈련은 수 세기에 걸쳐 하나님에게 우리 자신을 내어놓고 그분에게 가까이 다가가는 수단으로 알려져 왔다.

나는 금식이 규칙적으로뿐 아니라 필요할 때나 약속된 경우에도 시행되어야 한다고 생각한다. 나도 이제 초보자라서 화요일 저녁부터 수요일 점심까지 아무것도 먹지 않기로 결정했다. 그리고 이렇게 하는 것이 그렇게 어렵지만은 않다는 것을 알았다. 정말 어려웠던 것은 그렇게 하기로 결단하는 것이었다. 이것이 나의 규칙적인 금식 습관이 되었고 이런 습관 덕에 가끔씩 있는 장기간의 금식도 훨씬 더 쉬워졌다. 예를 들어, 얼마 전 나는 하루 종일 기도하며 금식하는 모임에 초대받았는데 규칙적으로 금식을 해 온 덕분에 아무런 문제가 없었다.

때때로 우리는 예수님이 사람에게 보이려고 금식함으로써 죄를 지은 바리새인들을 꾸짖으신 것을 상기해서 교회의 다른 구성원들에게 금식할 것을 권하지 않을 때가 있다(마 6:16~18을 보라). 그러나 내 생각에는, 은밀하게 금식하는 것이 금식을 비밀로 지켜야 한다거나 다른 사람에게 우리가 한 것처럼 권해서는 안 된다는 것을 의미한다고는 보지 않는다. 이것이 내가 여기에 현재의 나의 금식 습관을 기록함으로써 전하는 이유다. 우리는 금식에 대해 더욱 많은 것을 나누며 참된 금식에 힘써야 할 것이다.

어느 정도는 금식이 개인이나 회중으로서의 우리의 신앙생활에 있어서 상당한 비중을 차지하게 됨으로써 우리는 영적 전투에 있어서 훨씬 더 효율적이게 되었다.

기도와 금식을 통해 하나님에게 가까이 가는 것은 영적 신병 훈련소의 두 번째 과제다.

3. 손을 깨끗이 하고 마음을 성결하게 하라

하나님에게 복종함에 대한 가르침에서 예수는 "죄인들아 손을

깨끗이 하라 두 마음을 품은 자들아 마음을 성결하게 하라"(약 4:8)
고 말씀하셨다. 손을 깨끗이 하라는 것은 행함을, 마음을 성결하게
하라는 것은 생각과 감정을 말하는 것이다. 이 두 가지는 거룩함에
대한 부르심이며, 거룩함은 바로 이 두 가지 태도와 행함을 포함하
는 것이다.

영적 전사에게 있어서 거룩함은 필수적이다. 그러나 불행하게도
오늘날에는 거룩함의 여러 모습들이 성경적인 중요도에서 너무나
격감되어, 거룩함이 하나님이 바라시는 바의 영적 전투를 위한 축복
이 아니라 오히려 효율적인 영적 전투의 방해물이 되어 왔다. 이것
은 영적 신병 훈련소의 훈련에 있어서 매우 중요한 문제로서, 나는
이 장에서 이에 대한 깊은 고려가 좀 더 필요하다고 본다.

'축복하소서'의 함정

1990년 8월, 인디애나폴리스 후지어 돔(Indianapolis Hoosier Dome)에
서 열렸던 세 번째로 큰 성령 운동의 집회에 2만5천 명의 오순절주
의자들이 모였다. 몇몇 참석자들은 그 회합이 성령 운동에 있어 여
러 가지 면에서 전환점이 된다고 느꼈다. 그래서 〈크리스채너티 투
데이〉라는 잡지에서도, 오순절주의자들이 과거에 그랬던 것처럼
그저 손이나 들고 열렬히 기도하며 열광적으로 찬양만 하려고 모
이지 않았던 집회였다고 만족한 듯이 논평했다. 그 집회를 통해 국
내와 국외에서의 적극적인 복음 전도, 특별히 가난한 자들을 목표
로 해서 나아가자는 도전을 받은 것이었다. 실제로 〈크리스채너티

투데이〉는 인디애나폴리스 회합을 통해 성령 운동이 비로소 성숙되어 가고 있음을 가르쳐 주는 것이라고 제시하는 데 서슴지 않았다.[4]

무엇이 몇몇의 복음주의자들과 다른 사람들로 하여금 30년 역사의 성령 운동을 아직 미성숙한 것으로 여기게 했을까? 그 회합의 지도자이며 북아메리카 갱신 연합회(North American Renewal Service Committee)의 후원 회장인 빈슨 사이난(Vinson Synan)은 "이 회합은 우리 자신의 축복만을 바라는 회합이 아니었다"[5]라고 말하면서 그것에 관해 설명했다.

사이난은 1977년 캔자스 시 집회(5만 명)와 1987년 뉴올리언스 집회(3만5천 명)의 참석자와 인디애나폴리스의 2만5천 명을 비교했다. 캔자스와 뉴올리언스 집회는 '나에게 축복을' 이라는 주제의 회합이었다. 그러나 인디애나폴리스 집회의 주제는 '지금 세계를 복음화하자' 였다. 사이난의 견해로는, 자신의 축복에서 타인의 축복으로 강조점이 바뀌자 성령 운동가들의 관심이 현저히 떨어졌고, 이로 말미암아 참석자 수도 줄었다는 것이다.

성령 운동가들은 신유나 축복의 가르침 같은 불균형적으로 발전한 측면이 있음에도 불구하고 확실히 자신의 축복만을 바라는 기독교적 자세에 머물러 있지 않았다. 무수한 비 성령 운동 교회들도 이른바 '친교과잉증' (koinonitis)으로 고통을 겪고 있는데, 이것은 지나친 친교의 강조로 오히려 교회 성장을 방해하는 것이다. 교회 정문 위에 걸려 있는 '여러분을 환영합니다' (Visitors welcome)라는 표어도 너무나 많은 경우에 있어서는 실질적으로 아무런 의미가 없다. 자신의 축복을 갈망하는 함정이 어떠한 교파의 한계도 없이 통용되고 있을 것이다. 물론 교회는 축복을 해 주어야 한다. 개인적인 유익(축복)이 없는데도 교회에 출석하려는 사람은 거의 없을 것이다. 예수님은 "수고하고 무거운 짐 진 자들아 다 내게로 오라 내가 너희를 쉬게 하리라"(마 11:28)고 말씀하셨다. 우리는 상처 받은 친구들을 교회로 초청해서 그들로 하여금 정서적, 육체적, 영적 치유를 체험하게 도와줘야 한다. 실제적이고 합법적인 의미에 있어서 교회는 상처 입은 사람들을 돌보는 병원과 같다.

하지만 교회는 상처 입은 사람들을 치유하는 병원으로서의 올바른 기능을 하는 반면, 영적 전사들의 막사로서의 역할도 해야 한다. 즉 가르치고 훈련시키고 무장시키며 영적인 상태를 개선시키는 장소여야 한다. 교회는 성령과 능력으로 충만해서 자신이 축복을 받는 곳일 뿐만 아니라 예수 그리스도를 위해서 예루살렘과 유대와 사마리아와 땅 끝까지 이르러 증인이 되어야 하는 곳이다. 교회는 필요한바 신유 그 자체를 행해야 하지만, 신유의 일차적 기능은 모든 종류의 하나님 나라 사역에 있어서 최전방에 투입될 군대를 양성하는 것이다.

영적 전투를 위한 거룩함

좋은 시력이 공군 조종사에게 절대적으로 필요하듯이 거룩함은 영적인 전사에게 필수 불가결한 것이다. 대부분의 기독교 지도자들이 이에 동의하지만, 몇몇 사람은 초보자의 수준에서 거룩함에 대한 사상을 발전시켜 나가고 있다. 그들은 거룩함에 대한 어린아이 같은 말씀만을 다룰 뿐 장성한 분량의 말씀을 다루는 것 같지는 않다. 그리고 다른 사람들은 거룩함을 강조하려는 그들의 순수한 욕심에 거룩함은 본질적으로 하나의 목표라는 극단적인 방향으로 나아가는 경향이 있다. 만약 하나님이 우리에게 충분한 거룩함으로 축복하시기만 한다면, 우리가 그리스도인들의 영광의 빛을 발하도록 힘을 기울이기만 한다면 효과적인 사역은 아마도 그 자체로 계속되어질 것이다. 이것은 어느 정도 풍자적인 이야기 같지만, 자신만의 축복을 바라는 함정에 쉽게 빠질 수 있는 것이 지금의 경향 중 하나다. 영적 전투에 있어서 보다 효과적이려면 우리는 거룩함에 대한 보다 깊은 의미를 이해할 필요가 있다.

관계와 규범

기독교의 거룩함에 대한 두 가지 중요한 요소는 (1) 관계와 (2) 순종이다. 이 두 가지는 그리스도인들로 하여금 하나님의 방법으로 신앙생활을 하게 하려는 특별한 목적으로 쓰인 갈라디아서에 잘 나타나 있다. 갈라디아 교회는 두 가지 서로 다른 배경을 가진 신자들의 집합이었다. 한편은 예수를 그들의 메시아로 받아들인 유대인이었고, 다른 한편은 예수를 그들의 구세주로 받아들인 이방인들이었다.

유대인들은 율법에 대한 복종만을 항상 의식하고 있어서, 바울은 율법을 지키는 것이 본질적으로 하나님을 기쁘시게 하는 것이라는 옛 생각에 빠져들지 않도록 그들을 가르쳐야 했다: "너희가 이같이 어리석으냐 성령으로 시작하였다가 이제는 육체로 마치겠느냐"(갈 3:3). 유대인들은 우리의 거룩함의 토대가 어린아이와 같이 하나님과 인격적인 관계를 맺는 것이라는 것을 깨달을 필요가 있었다. 반면 이방인들은 정사와 권세와 악령과 같은 초자연적 존재와 관계를 맺는 것에 대해서 잘 알고 있었다. 바울은 이방인들에게는 도움이 필요할 때나 위기의 순간에도 악령의 힘에 의지하지 말도록 가르쳐야 했다: "이제는 너희가 하나님을 알 뿐 아니라 더욱이 하나님이 아신 바 되었거늘 어찌하여 다시 약하고 천박한 초등학문으로 돌아가서 다시 그들에게 종 노릇 하려 하느냐"(갈 4:9). 이방인들은 거룩함의 토대가 관계를 맺는 것뿐만 아니라 우리의 주재자이신 하나님에게 순종하는 것이라는 것을 깨달을 필요가 있었다.

그렇다면 어떻게 이 관계와 규범이 함께 조화를 이룰 수 있을까? 나는 우리가 하나님과의 관계에 있어서 세 가지 지극히 중요한 국면을 살펴볼 때 이 중대한 질문에 대한 답이 명확해진다고 믿는다.

1) 하나님은 우리의 아버지시다. 우리는 그리스도와 사랑의 관계로 시작한다. 우리는 하나님을 "아빠 아버지"(갈 4:6)라 부를 수 있는 그분의 자녀다.

2) 하나님은 우리의 주재자시다. 우리는 그리스도의 뜻에 순종하려는 사랑의 열정을 갖고 있다. 우리는 그분의 자녀지만 또한 종으로서 복종하는 것이다: "유업을 이을 자가 … 어렸을 동안에는 종과 다름이 없어서"(갈 4:1).

3) 예수님은 우리 형상의 본이 되신다. 우리는 그리스도를 닮기 원한다. 바울은 갈라디아 성도에게 "나의 자녀들아 너희 속에 그리스도의 형상을 이루기까지 다시 너희를 위하여 해산하는 수고를 하노니"(갈 4:19)라고 했다. 거룩함은 우리 안에 이루어진 그리스도의 형상을 보는 것이다.

어떤 종류의 관계도 각각의 요구하는 바가 있다. 아내인 도리스와 나는 40년 이상 좋은 관계를 지속해 오고 있다. 그러나 그것은 자동적으로 유지된 것이 아니다. 우리 각자는 자신만의 개성이 있으며 그에 수반하는 기준이 있다. 우리는 서로 상대편의 기준에 맞추려 할 때 우리의 관계가 훨씬 더 좋아진다는 것을 알았다. 동일한 원칙이 우리와 예수님과의 관계에도 적용된다. 우리가 좀 더 빨리 규범을 배우고 그 규범을 지킬수록 우리는 훨씬 더 잘 지낼 수 있다. 에베소서 4장 17~32절, 골로새서 3장 5~24절까지와 같은 거룩함에 대한 주요한 신약 구절들은 어느 정도 상세하게 그 규범들을 설명하고 있다. 갈라디아서에서 바울은 육체의 일(갈 5:19~21)과 성령의 열매(갈 5:22~23)에 대한 목록을 들고 있다.

> 거룩함은 예수를 사랑한다고 고백하면서 자신의 원하는 바를 하는 것이 아니라, 예수를 사랑하며 그분이 원하시는 바를 행하는 것이다.

거룩함은 예수를 사랑한다고 고백하면서 자신의 원하는 바를 행하는 것이 아니라, 예수를 사랑하며 그분이 원하시는 바를 행하는 것이다. 그 관계는 기초적인 것이지만 우리가 예수님과 올바른 관계를 맺고 있는지를 어떻게 알 수 있을까? 이에 대해 성경은 "우리가 그의 계명을 지키면 이로써 우리가 그를 아는 줄로 알 것이요"(요일 2:3)라고 답한다.

누가 거룩한가

만일 거룩함이 영적 전투를 위한 선행 조건이라면 사람이 정말 거룩해질 수 있는 것일까? 내가 거룩함을 소유했다고 자신 있게 말할 수 있을까? 만약 그럴 수 없다면, 우리는 왜 계속해서 다른 사람에게 거룩하라고 권면하는가?

처음에는 이러한 것들이 혼란스러운 질문처럼 들릴지도 모른다. 그러나 그러한 혼돈도 두 가지를 질문해 보면 깨끗이 사라질 것이다. 첫 번째 질문은 "누구라도 거룩해질 수 있는가?"다. 그리고 그 대답은 "그렇다"이다. 모든 그리스도인이 거룩하다. 두 번째 질문은 "모든 그리스도인이 충분히 거룩한가?"다. 그리고 그 대답은 "아니다"이다. 어떤 그리스도인도 충분히 거룩하지는 못하다.

물론 '거룩함'이라는 단어가 무엇을 의미하는지를 명확히 이해하는 것이 중요하다. 헬라어 하기오스(hagios)는 구별되어진 것, 성경적으로는 하나님을 위해 구별되어진 것을 의미한다. 그것은 '성화'와 같은 뜻이다. 그러나 상징적으로는 오히려 관계에 강조점을 두고 있다.

하나님을 위해 구별되어진 것이라는 의미에서 모든 그리스도인은 중생함으로 거룩해진다. 베드로는 우리가 "거룩한 제사장"(벧전 2:5)이요, "거룩한 나라"(벧전 2:9)라고 했다. 예수님은 우리를 "거룩하고 흠 없고 책망할 것이 없는 자로 세우고자 하셨"(골 1:22)다고 했다. 바울은 고린도 성도들에게 "하나님의 성령 안에서 거룩함을 얻었다"는 것을 일깨워 주었다. 만약 당신이 중생했다면 당신은 "예, 저는 거룩합니다"라고 진실로 말할 수 있다. 그러나 "나는 충분히 거룩합니다"라고 말할 수는 없다. 지위상으로는 하나님의 자녀로서 당신은 더 이상 죄를 짓지 않는다: "그 안에 거하는 자마다 범죄하지 아니하나니"(요일 3:6). 하지만 성령의 인도함 가운데 죄를 더 이상 짓지 않는다 할지라도 당신은 아직 완전한 존재가 아니다.

사실 당신은 죄를 지을 수밖에 없다고 인정하는 편이 낫다: "만일 우리가 죄가 없다고 말하면 스스로 속이고 또 진리가 우리 속에 있지 아니할 것이요"(요일 1:8). 이것이 예수님이 우리에게 매일 "우리 죄를 용서하옵소서"라고 기도하게 가르치신 이유다.

거룩함에 있어서의 성숙

그렇다면, 만약 우리가 결코 충분히 거룩해질 수 없는 것이라면, 가령 최소한 작년보다 더 거룩해질 수는 있는 것인가? 물론이다. 나는 내가 1980년보다 1990년에 훨씬 더 거룩해졌음을 솔직하게 말할 수 있다. 나는 또 지금으로부터 10년 후에는 더 거룩해지길 바라고 계획하며 의도하고 있다. 그리고 20년 후에는 아마도, 마침내 내가 충분히 거룩한 상태에 이를 것인데, 그것은 아마 내가 예수님 앞에 서 있을 것이기 때문이다.

더 큰 거룩함을 소유하려는 열정에 어떤 사람들은 바울이 갈라디아 성도에게 경고했던 그러한 유혹에 빠졌다. 그들은 거룩함이나 성화나 성령의 충만함을 소유한 가시적인 기준으로 어떤 표면적인 행위나 체험을 선호했다. 그래서 어떤 교회의 교인들은 일부러 아는 척하며 "나는 1986년에 체험을 했어요. 당신은 언제 했나요?"라고 말한다.

몇 년 전에 이발을 할 때 이발사가 나에게 말하기를, 자기는 14년 전에 신앙 체험을 하고 그 이후로는 죄를 지은 적이 없다고 했다. 외적인 기준의 성취는 그것이 아무리 훌륭해 보일지라도 거룩함을 측정하는 성경적 접근 방법이 아니다. 보다 더 중요한 것은 마음의 거룩함, 즉 내적인 거룩함이다. 마태복음 6장에서 바리새인들을 향해 하신 예수님의 말씀이 명확하게 가리키듯이, 표면적인 성취보다는 우리가 어떤 방향으로 향하고 있는가가 중요하다.

외적 기준이 필요한 이유

외적 기준은 무엇에 유익한가? 외적 기준은 거룩함에 대한 우리의 탐구에 있어서 세 가지 방법으로 도움을 준다.

첫째, 우리는 외적 기준을 사용해서 거룩함의 부재를 규정할 수는 있다. 그러나 동시에, 우리가 방금 살펴본 것처럼 외적 기준에 따라 거룩함의 모습을 규정할 수는 없다. 만약 우리가 주님의 이름을 습관적으로 헛되이 사용하며 간음하고 재정 서류를 변조한다면 (외적 기준의 세 가지 예를 든다면) 우리는 거룩하지 않음이 확실하다.

둘째, 외적 기준은 성숙도를 가리키는 지침이다. 하나님은 좋으신 아버지시다. 그는 그의 영적인 자녀들을 이해하신다. 그러나 우리가 우리 육신의 자녀들이 성장하기를 바라듯이 하나님 또한 그분의 자녀들이 성장하길 바라신다. 어떤 부모가 1학년짜리 아이에게 "두 살 먹은 애처럼 행동해서는 안 돼!"라고 말하지 않겠는가? 때때로 하나님이 우리에게 그와 같이 말씀하신다. 바울은 고린도서에서 혐오스러운 듯 말하는 가운데 그의 좌절감을 나타냈다: "형제들아 내가 신령한 자들을 대함과 같이 너희에게 말할 수 없어서 육신에 속한 자 곧 그리스도 안에서 어린 아이들을 대함과 같이 하노라"(고전 3:1). 이러한 영적 성숙은 규범 조항을 점검하는 것보다는 성숙한 인격적 특성을 통해 가장 확실해질 것이라는 것을 명심하라.

셋째, 신약의 최고 기준은 지도자들을 위한 것이다. 목회서신에 장로와 집사의 필요조건이 드러난 것같이 외적 행함과 가시적이고 명백하며 공공연한 신앙고백은 교회에서 출교당하지 않기 위한 것이 아니라 지도자로서의 자질을 갖추기 위한 필요조건인 것이다.

얼마만큼이 충분한 것인가

그리스도인이 결코 충분히 거룩해질 수 없는데도 불구하고 좀 더 거룩해질 수 있다면, 실제 사역을 수행하기 전에 도대체 어느 정도까지 거룩해져야 할 필요가 있을까? 군대가 전쟁터로 나가기 전에 도대체 어느 정도의 단련이 필요할까?

1) 실제 사역을 행하기 전에 완전해질 때까지 기다리는 것, 이것은 이 땅에서의 삶에서 그 누구도 완전해질 수 없기 때문에

사역의 마비 현상을 초래한다.
2) 거룩함을 본질적으로 하나의 목적으로 간주하는 것, 이것은 자신의 축복만을 바라는 경향에 빠지게 해서 많은 사람들로 하여금 현실 세계에서 도피하게 한다.
3) 거룩한 삶으로부터 자기 나름대로의 사역을 기대하는 것, 이 것은 막다른 골목과 같은 암담함을 느끼는 내적 방황을 초래한다. 사역은 거룩함의 수준과는 상관없이 동기 유발과 창의성이 요구된다.
4) 거룩함에 대한 어떤 외적 지침에 따라 사역에 있어서의 효율성을 관련짓는 것, 이것은 자만과 자기중심 본위로 되게 한다.

영적 전투를 위한 원칙

이제 원칙에 대해 살펴보자. 우리는 훌륭한 영적 군사가 되고자 거룩함을 달성하려는 것이다. 하지만 자신의 축복만을 바란다든지 사역의 마비 현상 같은 것은 피하고 싶다. 여기에 전투를 위해 무장하는 데 있어서 도움이 될 만한 다섯 가지 원칙이 있다.

1) 당신이 하나님과 올바른 관계에 있는지를 분명히 하라
 기본 요소들: 중생했는가, 만족할 만한 개인 기도 생활을 하고 있는가, 성령으로 충만한가
 주의: 이러한 점검 목록은 하나님과 올바른 관계에 있는가를

보려는 것이지 완벽한 관계에 있는가를 살피려는 것이 아니다. 여기서 가장 중요한 질문은, 당신 마음의 소원이 하나님을 더욱 친밀히 알기를 원하고 모든 일에서 그를 기쁘시게 하길 원하느냐는 것이다.

2) 알고 있는 모든 죄를 자복하라

대부분의 성숙한 신자는 자신이 지은 죄를 안다. 하지만 주기적으로 점검하기 위한 출발점으로 갈라디아서 5장 19~21절의 육체의 일과 다른 성경상의 죄의 항목들을 이용하자. 프랜시스 프랜지팬(Francis Frangipane)은 "만약 당신이 마음속에 죄를 남겨둔 채로 정사와 권세를 결박하려 한다면 반드시 패할 것이다"[6]라고 경고했다.

주의: 영적인 자기 학대에 빠지지 않도록 하라. 이것 또한 육의 일이기 때문이다. 죄의식을 느끼지 않는데도 기분이 좋지 않다면 무언가 잘못된 것이다. 성령이 죄를 깨닫게 도우시도록 하라.

3) 지속적인 죄악의 틀을 깨뜨릴 치유법을 찾으라

만약 당신이 하나님을 향한 마음을 가지면서도 특별한 죄악이 계속해서 떠오른다면, 이것은 방광염이나 당뇨병의 치료법을 찾듯이 반드시 그 치유법을 찾아야 할 영적인 질병이다.

주의: 당신은 이러한 내적 치유를 위해 보통 외부의 도움을 필요로 할 것이다. 어떤 사역을 행하기 전, 특별히 영적 전

투를 행하기 전에 도움을 받으라.

4) 다른 사람으로 하여금 당신의 영적 상태를 측정하게 하라

영성이 높고 당신의 상태를 잘 아는 많은 사람들과 친밀하게 교제하라.

주의: 특별히 공적으로 너무 많이 드러내 놓고 사귀는 것도 그 자체로 병적일 수 있다. 그러나 모든 것을 감춘 채 자신에 대한 정확한 판단을 한다는 것은 불가능하다.

5) 하나님이 더 높은 지도자적 자질을 요구하실수록 당신의 거룩함의 기준은 더 높아진다

비록 성숙한 거룩함이 모든 신자의 목표지만, 기독교 사역의 각 분야에서 거룩함을 과도하게 요구하지는 않는다. 사역의 어떤 형태들은 앞마당에서 아이들과 미식축구 놀이를 하는 것과 같다. 그러나 다른 차원의 사역은 정식 축구 경기와 같아서 평균 이상의 상당한 영적 상태를 요구한다.

주의: 전략적 차원의 영적 싸움은 정식 축구 경기와 같은 범주에서 더욱 면밀히 고려되어야 한다. 만약 당신이 이런 종류의 사역에 은사가 있고 부르심을 받았다고 느낀다면 특별히 자신에 대해 엄격하라.

만약 이러한 항목에서 당신의 점수가 만족할 만하다면 당신은 사역을 행할 준비가 되어 있는 것이다. 거룩한 성품을 은사나 사역

과 분리시키지 말라. 그렇지 않으면 당신의 사역은 위선으로 끝나게 될 것이다. 동시에 사역을 행하기 전에 완벽한 거룩함을 얻기까지 기다리려고 하지도 말라. 그렇지 않으면 자신의 축복만을 바라는 함정에 계속 빠져 있게 될 것이기 때문이다.

하나님의 전신갑주

영적 전사를 무장시키는 데 있어서 지침이 될 만한 서적은 래리 리의 「영적 전쟁과 그리스도인의 무기」(The Weapons of Your Warfare)다. 그는 무기의 목록으로 예수님의 보혈, 기도, 하나님의 전신갑주, 찬양, 말씀의 선포, 예수님의 이름 그리고 '영적 무기를 보관해 두는 하나님의 무기 창고'로서 인내를 든다. 여기에서 이 모든 것을 상세히 설명하기에는 지면이 부족하므로 간략하게 래리 리의 책을 영적 신병 훈련소의 주교재로 추천하는 바다.

하지만 이 장의 결론을 내리기 전에 하나의 실례로서 미국인의 '성공적인 옷차림'에 대한 정신 상태를 언급하고자 한다. 자수성가를 다루는 대부분의 책들은 야망 있는 사업가들에게 어떤 의상이 좀 더 빠르게 출세가도를 달리게 할 '인상'을 가져다줄 수 있는지를 다룬다. 래리 리는 그의 책에서 하나님의 전신갑주를 입는 것이 "주 안에서 유일한 성공적인 옷차림이다. 왜냐하면 하나님의 전신갑주는 능력으로 하나님의 나라를 소유하는 데 있어서 필수 조건이기 때문이다"[7]라고 주장한다.

로마 군사의 갑옷을 예로 든 바울의 비유는 우리에게 영적 전사로서 준비를 갖추는 데 있어서의 생생한 목록을 제시한다. 우리의 허리에는 진리의 허리띠를 둘러야 한다. 예수님만이 길이요, 진리요, 생명인 것이다. 의의 흉배를 붙여야 한다. 우리의 마음은 앞에서 살펴본 것처럼 손을 깨끗이 하고 마음을 성결하게 한 그 거룩함으로 보호된다. 믿음의 방패는 사탄의 불같은 화살을 막아 준다. 그리고 구원의 투구는 우리가 예수님에게 속해 있고 최후의 승리는 우리의 것이라는 것을 상기시켜 준다.

나는 영적 전투에 대한 영역을 광범위하게 살펴보면서, 꽤 많은 수의 작가들이 하나님의 전신갑주가 방어적이라는 데 강조점을 두고 있음에 약간 당황스러웠다. 사실 군인은 갑옷을 입고 방패를 가져야 될 뿐 아니라 오른손에는 검을 들고 있어야 한다. 성령의 검, 즉 하나님의 말씀은 분명 공격적인 무기다. 나는 월터 윙크의 이 말에 동의한다: "나는 여기에서의 무기는 모두 '방어적'이라는 말이 학자들 간에 떠도는 것을 지켜보면 참 우스꽝스럽다. 국방성도 핵무기에 대해 똑같이 얘기한다."[8]

어떤 사람들은 그리스도가 십자가에서 사탄을 패배시켰기 때문에 우리는 그저 가만히 있기만 하면 된다고 생각하는 것 같다. 만약 우리가 손을 호주머니에 집어넣고 그냥 서 있다면, 마귀는 어쩌면 우리를 혹은 이 사회를 귀찮게 하지 않을지도 모른다. 그러나 내 생각에는, 바울이 에베소서 6장을 쓸 때 가진 생각은 그러한 것이 아닌 것 같다. 클린턴 아놀드는 '서 있는 것'이 정적이냐 아니면 동적이냐는 질문을 제기했다. 그는 "마귀의 결박에 사로잡힌 인류에게 복음의 구원의 메시지를 선포할 때와 같이 독자도 또한 보다 '공격적'인 행동을 취하도록 부름을 받았는가?"라고 묻는다. 그리고 그는 "이 책의 전체적 흐름은 또한 저자가 '서 있는 것'을 공격적인 용어로 생각하고 있음을 나타낸다"9)고 결론 지었다.

그러므로 하나님의 전신갑주로 무장함으로써 우리는 우리 자신을 사탄의 맹렬한 공격으로부터 보호할 수 있을 뿐만 아니라 사탄을 능히 패퇴시켜 하나님 나라에 나아가게 한다.

〈토의할 문제〉

1. 상부 지향적, 외부 지향적 범위에 대해 토론해 보라. 이것이 무엇을 의미하는지 당신의 말로 설명하라.
2. 만약 당신이 하나님에게 순복하고 가까이하는 것에 대한 테스트를 받는다면 자신에 대해 어떤 점수를 주겠는가?
3. 당신은 그리스도인이 하루에 한 시간씩 개인적인 기도 시간을 가져야 한다는 데 동의하는가? 아니면 이것이 비현실적이라고 생각하는가?
4. 당신은 금식의 경험이 있는가? 있다면 금식기도에 대해 설명하고 토의해 보라.
5. 당신은 당신의 과거의 모습보다 더 거룩해졌는가? 그것을 어떻게 알 수 있는가?

제7장

민족의 죄를 회개하라

Remitting the Sins of Nations

C. PETER WAGNER

프랜시스 프랜지팬은 "많은 성도들은 그리스도인이 과연 정사와 권세에 대항해서 기도할 권세가 있는지에 대해 의아해하고 있다"면서 중대한 문제를 제기했다. 나는 이 책을 읽는 사람들 중 몇몇도 이와 같은 의문점을 마음속에 품고 있으리라고 확신한다. 이것은 분명 당연한 질문이고 필수적인 출발점이라 하겠다.

나는 프랜지팬의 이 의견에 동의한다: "성경적으로 볼 때 우리는 이러한 어둠의 권세에 대항해서 싸울 권세뿐 아니라 싸워야 할 책임도 갖고 있는 것이다." 그는 또한 말장난 같지만, 우리 마음에 이렇게 정곡을 찌르는 말을 한다: "만일 우리가 마귀에 대항해서 기도하지 않으면 그들이 우리를 먹이로 삼을 것이다."[1]

링컨의 노예 해방 선언

많은 사람들이 성경은 이미 정사와 권세를 패배시켰다고 가르치는데, 그렇다면 우리가 그들에 대해 영적으로 공격적인 자세를 취하는 것이 합당한지에 대해 의문을 제기한다. 우리는 십자가상의 예수님이 "통치자들과 권세들을 무력화하여 드러내어 구경거리로 삼으시고 십자가로 그들을 이기셨"다는 것을 안다(골 2:15). 만약 그들이 이미 패했다면 십자가상에서 하신 예수님의 사역에 동참할 수 있다고 생각하는 우리가 잘못된 것인가?

물론 어떤 것도 십자가 위에서 흘리신 예수님의 보혈을 가감할 수는 없다. 예수님의 희생은 단번에 드려진 것이다. 사탄은 패배했다. 그러나 한편으로, 우리는 계속적으로 씻어 내는 작업을 해야 한다. 하나님의 나라는 이곳에 있고 우리가 그 일부분이지만, 예수님이 재림하실 때까지는 그 나라가 완전히 성취된 것이 아니다. 예수님이 재림하시는 바로 그때 사탄은 무저갱에 던져질 것이고 결국 불 못에 처하게 될 것이다. 비록 복음이 세상 가운데 퍼져 감에 따라 계속 세력이 축소되고 있고 또 이미 패배한 자에 불과하지만, 주님이 재림하실 때까지는 어쨌든지 그가 공중의 권세 잡은 자인 것이다.

이러한 것을 이해하기 위해서는 1863년 1월 1일에 발효된 에이브러햄 링컨의 노예 해방 선언을 생각해 볼 필요가 있다. 1863년부터 미국의 흑인은 자유를 얻게 되었고 다른 미국인과 같이 완전한 시민권과 사회적인 동등한 지위를 보장받게 되었다. 어느 누구도 노예 해방 선언의 적법성에 대해 이의를 제기하지 않는다. 왜냐하면 미국 연방 정부의 권세가 이를 뒷받침해 주기 때문이다.

하지만 모든 미국인들은 오늘날 사회 구성단위로서의 흑인이 다른 미국인들과 대등한 완전한 사회적 지위를 실제로는 보장받고 있지 못하다는 것을 알고 당혹해한다. 링컨 대통령의 재가로 법적으로는 단번에 성취되었지만 그것이 실질적으로 이행되기에는 시간이 걸린다. 수년 동안 남부 지방에서 흑인 대다수의 삶이 변화되질 못했다. 몇몇 주에서는 짐 크로(Jim Crow) 법안을 완전히 폐기시키는 데 거의 100여 년이 소요되었는데, 그 법안은 흑인들의 선거권을 박탈하고 일부 식당의 출입을 금하며 버스에서는 뒷좌석에만 앉게 하는 내용을 담고 있었다.

그것은 1960년대 도시 빈민가에 도화선이 되어 미국 전체로 하여금 노예 해방 선언이 이제는 더 철저하게 실행되어야 할 필요가 있음을 인식하도록 만들었다. 인권 지도자들과 사회 개혁자들은 모두 현실적이어서 오직 모든 미국인의 의지에 성실하게 호소하는 노력을 통해서만 사회적 상황이 노예 해방 선언의 법적 목적과 충분한 조화를 이루게 될 것이라는 것을 알고 있었다. 그 기간이 얼마나 걸릴지는 아무도 모른다. 그러나 나 자신도 다른 소수 민족들과 같이 지금 즉시 흑인들이 완전한 평등과 사회적 정의를 누리는 모습을 보고자 하는 그러한 미국인들 그룹에 속한다. 노예 해방 전쟁은 1863년에 이미 승리했지만, 나는 또한 오늘날 인권 운동에 있어서 승리를 이끄는 일익을 감당하고자 한다.

십자가에서의 예수의 죽음은 인류를 위한 노예 해방 선언이었다. 하지만 2,000년이 지난 지금도 수많은 사람이 여전히 구원받지 못하고 있고, 세계적으로 거대한 민족 집단들이 사회적으로 극악한 환경 지역에서 살고 있다. 나는 우리나라에서 사회적 부정의 희생물이 된 사람들이 그들의 참된 자유를 회복하길 바라듯이, 세계적으로 사탄의 압제하에 있는 사람들이 사탄의 악한 결박에서 자유하게 되길 바란다.

하지만 그렇게 되기 위해서는 과거 링컨 시대나 2,000년 전 예수님 시대에 만들어진 합법적인 계약이 정당한 것인지 돌아보는 것만으로는 충분하지 않다. 악은 너무나 거대하고 공격적이다. 프론트라인 미니스트리(Frontline Ministries)의 톰 화이트는 "너무나도 자주 교회는 이러한 흐름에 대해 반응하는 데 있어서 미온적이다. 그러나 구원받은 사람의 실제 역할은 마귀의 영향을 분쇄하고 무력화시키는 전략을 수립하고 시행하는 데 있어서 담대하고 적극적이어야 한다"[2]고 말했다.

국가를 향한 사탄의 욕망

하나님이 신디 제이콥스에게 중보기도 팀 사역을 행하도록 깨닫게 하신 이유 중의 하나는 그리스도인에게 절대적으로 전략이 필요하다는 것이었다. 그녀는 "마귀가 모든 국가와 사역에 대해 전략을 가지고 있다는 것은 명확하다"[3]고 말한다.

성경은 사탄이 모든 국가를 다스리고자 하는 욕망이 가득함을 매우 분명하게 보여 준다. 요한계시록 20장에서 우리는 사탄이 그 날에 천 년 동안 사로잡혀 있을 것이라는 것을 알 수 있다. 그리고 성경은 이러한 결박이 변하게 될 오직 한 가지를 언급한다: "천 년이 차도록 다시는 만국을 미혹하지 못하게 하"리라(계 3:20). 그 천 년이 지나면 사탄은 풀려나고 그때에 그가 행할 유일한 일은 '땅의 사방에서 만국을 미혹하는 것'이다(계 20:8을 보라. '만국'은 저자가 사용한 말이다).

나는 앞에서 백성과 무리의 열국과 방언들을 다스리는 음녀에 대해 언급했다(계 17:15을 보라). 악의 도시 바벨론이 함락되었을 때 기뻐 외치는 소리는 더 이상 그 복술로 인해 만국이 미혹하지 않을 것이라는 것이다(계 18:23을 보라).

내가 사탄이 만국을 다스릴 권세를 '갈망한다'고 말하는 이유는 음녀라 부르는 악령이 나라를 다스리는 권세를 가진 정치 지도자로 더불어 음행했음을 우리가 수차 들었기 때문이다(계 17:2, 18:3을 보라). 비록 음행을 비유적으로 이해한다 할지라도 최소한 '욕망'이라는 의미를 내포하고 있는 것이다.

사탄이 다스리기를 갈망하는 이 만국은 광야에서 예수님을 시험할 때 그가 제시한 바로 그 왕국인 것이다. 그리고 동일한 만국이 예수님이 명하신 지상 명령에 나타나 있다: "그러므로 너희는 가서 모든 민족을 제자로 삼아"(마 28:19). 예수님은 사탄의 지배 아래 있는 만국을 되찾기 위해 그의 권세에 힘입어 나아가라고 명령하신다. 우리가 세계 복음화를 위해 열심히 행하면 영적인 전투를 하게 될 것은 당연하다. 우리는 매우 민감하고 감정적인 면에서 사탄을 위협하고 있다. 결국 우리는 그에게서 사람들을 구원하고 있는 것이다.

사탄의 강력의 진을 분별하는 것

어떻게 사탄 혹은 지역 귀신들이 만국을 다스리게 될까? 전략적 수준의 중보 기도자로서 그 선두주자로 알려진 그웬 쇼는 "다스리는 악령들은 허락이 없이는 어떤 지역으로 이동해 갈 권세가 없다. 그들이 사람들을 지배하는 그 지역으로부터 자신들의 왕국을 건설할 어떤 기반이 형성될 때 그 권세가 주어지는 것이다"[4]라고 말한다. 이러한 상황을 종종 '강력의 진'이라고 표현한다. 조지 오티스 주니어는 강력의 진을 "사탄의 지휘 통제부"로 묘사했다.[5]

신디 제이콥스는, 사탄으로 하여금 강력의 진을 구축하게 하는 합법적 출입구는 '성문'으로 보일 수 있다고 주장한다. 그녀는 성경 시대의 성문은 '권세의 상징'으로서, 장로들이 그 성의 복리에 관해 토론했던 곳이라고 지적했다.[6]

지상적 수준의 영적 싸움 사역을 행하고 있는 사람들은 종종 귀신들이 마음의 상처, 성적인 방종, 낙태, 저주, 마약중독, 제사의식 또는 다른 발판을 통해 각 개인에게 역사할 수 있는 출입구를 찾고 있음을 안다. 그러한 많은 경우에 있어서 내적 치유는 효과적인 축사를 위해 필수적이다. 찰스 크래프트는 많은 사람들이 미움, 용서하지 못함, 복수심, 두려움과 같은 감정에 사로잡혀서 사탄에게 공격할 근거를 제시해 주고 있다고 지적한다. 그는 덧붙여서 "나는 어떤 내적인 문제와 결합되지 않고서는 사람이 악령에 사로잡힌다고 믿지 않는다"[7]고 말했다. 나는 크래프트가 여러 번, 귀신은 쓰레기더미에서 먹이를 찾는 쥐와 같다고 말한 것을 들었다. 그 쓰레기들을 제거하라. 그러면 그 쥐도 상대적으로 쉽게 제거될 수 있을 것이다.

유사한 현상이 전략적 수준의 영적 싸움에서도 종종 드러난다. 만국이 정사와 권세를 무력화시키기 전에 깨끗이 제거해야 될 '쓰레기'들을 감추고 있다. 예를 들면, 초기 미국의 정착민들이 많은 인디언들에게 행했던 수치스런 일들이 마귀의 세력에 수많은 역사적 강력의 진을 구축하게 해서 현재에도 미국 사회를 분열시키려고 계속 역사하게끔 만들고 있다. 이것은 악령의 활동이 일반적으로 인디언 묘지 구역 안에서나 그 주위에서 특히 더 강력하게 나타나는 원인 중 하나다.

그웬 쇼는 전략적 수준의 중보기도 사역을 하는 동안 어느 정도 일정하게 드러난 열네 개의 국가적 또는 도시의 강력한 진에 대한 목록을 작성했다. 목록에는 우상 숭배, 이방 신전, 살인과 같은 무고한 피의 흘림, 낙태나 전쟁, 마법, 마인드컨트롤, 학교에서의 기도 폐지, 성적 방종, 약물 남용, 싸움과 증오, 우상, 의문스러운 장신구, 타락한 대중매체, 상처 입은 관계와 충동적 감성 등이 있다.[8] 이러한 목록은 거의 무한대로 확장시킬 수 있겠지만 어떤 지역 귀신을 패퇴시키기 전에 반드시 다루어져야 할 국가적인 강력의 진의 대표적인 예로 충분하다.

죄를 용서함

일반적으로 사회에 영향을 끼치고 특별히 복음을 방해하는 마귀의 강력한 진이 실제로 어떤 국가나 도시에 존재하고 있다고 가정해 보자. 이에 대해 무엇을 할 수 있을까?

죄악에 빠진 개인의 경우에 있어서 죄가 있다면 회개하는 것이 당연하듯이, 만약 깨뜨려야 할 저주가 역사하고 있으며 마음의 상처가 고통을 가져온다면 내적 치유는 필수적이다.

우리는 구약을 통해 국가가 공통의 죄악에 빠질 수 있음을 알 수 있다. 이것은 이방 국가뿐 아니라 이스라엘에게도 마찬가지였다. 느헤미야와 다니엘은 국가의 죄악을 깨닫고 있었던 하나님의 사람의 표본이다.

> 우리는 구약을 통해 국가가 공통의 죄악에 빠질 수 있음을 알 수 있다. 이것은 이방 국가뿐 아니라 이스라엘에게도 마찬가지였다.

예루살렘 성벽이 무너지고 성문이 불에 타 버렸다는 소식을 듣고 느헤미야는 통곡하고 금식하며 기도했다. 그는 일반적인 이스라엘 사람들의 죄악을 고백하고 전체 국가의 죄악을 용서해 주시길 간구했다. 그는 "나와 내 아버지의 집이 범죄하여"(느 1:6)라고 말했다. 그는 하나님의 기름부음을 받아 전 국가의 죄악을 진실로 고백한 대표적인 사람이었다. 이것이 전략적 수준의 영적 싸움의 구성 요소다. 그의 기도는 분명히 효과가 있었고, 하나님은 오직 그의 능력으로 성벽과 성읍을 다시 건축할 수 있도록 문을 열어 주신 것이다.

다니엘은 하나님의 말씀을 읽으면서 이스라엘의 70년간의 포로 생활이 끝나게 될 것이라는 것을 알았다. 그래서 그는 주님 앞에 "금식하며 베옷을 입고 재를 덮어쓰고 주 하나님께 기도하며 간구"(단 9:3)함으로 나아갔다. 그는 자기 민족의 죄악을 상세히 고백했다. "온 이스라엘이 주의 율법을 범하고 치우쳐 가서 주의 목소리를 듣지 아니하였으므로"(단 9:11), 후에 그는 "내 죄와 내 백성 이스라엘의 죄를 자복"(단 9:20)했다.

느헤미야와 다니엘이 국가를 위해 하나님 앞에 섰을 때에도 그들은 민족의 죄악뿐 아니라 자신들의 개인적인 죄도 고백했음을 주목해 보는 것이 중요하다. 국가의 죄를 용서받고자 하는 사람들은 비록 자신들이 개인적으로 죄를 짓지 않았을지라도 국가의 과거와 현재의 죄악을 개인적으로 동일시해야만 하는 것이다.

아르헨티나와 호주

존 도우슨은 그의 저서 「하나님을 위하여 도시를 점령하라」에서 국가의 죄를 용서하는 데 있어서 몇 가지 특별한 예를 들고 있다. 예를 들면, 1978년 아르헨티나 코르도바(Cordoba)에서 도우슨과 몇몇의 YWAM 사역자들은 그들의 메시지에 대한 사람들의 무관심에 대해 매우 실망했다. 기도와 금식을 통해 그들은 그 도시를 다스리는 정사의 영이 교만임을 분별해 냈다. 그래서 그들은 자신들의 교만함을 자복하고, 자신들을 낮추어 코르도바 번화가의 보도에서 무릎을 꿇고 기도했다. 그렇게 함으로써 영혼 구원의 수확이 시작되었다. 도우슨은 "그 사람들은 복음을 매우 잘 받아들여서 우리가 개인적으로 우리의 복음 전도용 책자에 서명해 주도록 안내하며 기다려야 했을 정도였어요"⁹⁾라고 말했다.

도우슨은 1979년 호주의 시드니에서 15,000명이 기도 집회에 참석했었다고 말했다. 그는 호주의 사회 심리를 종종 거부와 불의의 의식으로 특징지을 수 있다고 말한다. 그리고 그는 한 사람의 영국 지도자가 호주를 유형지로 설립하면서 그들의 선포에 의해 고통 받았던 그 불의에 대해 군중들로 하여금 영국을 용서하게 함으로써 영적인 자유가 그곳 사람들에게 임하게 되었다고 말했다.¹⁰⁾ 이것이 바로 국가의 죄를 용서하는 경우며, 도우슨은 그 사건 이후로 호주 교회에 임한 커다란 축복을 알릴 수 있었다.

그러나 국가의 죄를 용서함에 있어서 도우슨은 느헤미야와 다니엘과 같이 "우리는 국가나 도시의 죄악에 함께 아파해야 한다"고 재차 강조했다. 그는 "당신은 당신의 성읍에 현존하는 죄악에 어떤 형태로도 속하지 않은 의인일지 모릅니다"라고 말하면서, 그러나 우리는 그 이상이 되어야 한다고 주장한다: "우리 모두는 모든 죄악의 뿌리에 함께하고 있음을 알아야 합니다." ¹¹⁾

일본의 도전

1990년 여름, 나는 일본에 가서야 느헤미야와 다니엘이 한 행동을 비로소 이해할 수 있었다. 하나님이 나를 가르치시고 사용하시려는 국가로 아르헨티나와 함께 일본에 대한 특별한 영적 부담을 주심을 느낄 수 있었다. 그래서 일본을 꽤 자주 방문하고 있다.

나는 일본의 천만 영혼을 구원하기 위한 조용기 목사의 비전에 동참했기 때문에 그와 함께 일본을 자주 방문하고 있었다. 솔직히 말해, 내가 그러한 목표에 동참한다는 사실에 다소 놀라지 않을 수 없다. 왜냐하면 교회 성장 수업 시간마다 학생들에게 목표를 세우는 것은 중요하나 비현실적인 목표를 세우는 것은 심각한 잘못이라고 가르쳤기 때문이다. 1991년 당시 기껏해야 백만도 안 되는 그리스도인, 아마도 그중 3분의 1만이 참으로 헌신된 그리스도인이라고 생각할 때 10년 안에 천만의 그리스도인을 기대한다는 것은 굉장히 비현실적인 것처럼 보인다. 조용기 목사는 일본 전역에서보다도 그의 서울 여의도순복음교회에 더 많은 헌신된 그리스도인을 가지고 있다.

3차원의 세계에서는 이것이 전혀 희망이 없는 것이라 할지라도, 나는 영적인 세계에서는 그것이 실제로 될 것이라는 신실한 믿음을 가지고 있다. 하나님이 어떻게 이것을 이루실 것인지는 자세히 알지 못하지만 그 근본은 영적 싸움, 특히 일본 사람들이 극적으로 복음을 수용함이 배가되도록 전략적 수준의 영적 싸움이 될 것이라고 분명히 확신한다.

정치학자들은 철의 장막이 급속히 붕괴한 것에 대해 놀랐고 매우 당황하기까지 했다. 나는 이와 같이 신속하고 극적인 변화가 일본의 영적인 분위기에도 일어날 수 있다고 믿고 있다. 만약 그렇게 된다면 상대적으로 짧은 기간 안에 우리가 바라보고 있는 천만의 영혼이 하늘나라에 들어올 수 있을 것이다. 일본의 수많은 사람들, 즉 네 명 중 세 명꼴로 만약에 종교를 택해야 한다면 그들은 기독교를 택할 것이라고 말하고 있다.

전 국가의 귀신화

1990년 여름, 도쿄에 가려고 계획하고 있을 때 새 천황 아키히토(Akihito)가 11월 22~23일 이틀 동안 다이요사이(Daijosai) 의식을 치르려 계획하고 있다는 소식을 듣고 나는 매우 심기가 불편했었다. 고대로부터 내려오는 이 신토(Shinto) 의식은 한마디로 말해 공개적으로 전 국가를 귀신화(demonization)하도록 초청하는 의식이다. 여기서는 새 천황이 그를 위해 마법으로 선택된 밥을 먹고 그 나라 최고의 악령인 태양의 여신 아마테라스 오미카미(Amaterasu Omikami)와 개인적인 만남을 가진다. 들리는 바에 의하면 천황은 '신의 침상'(god bed)이라 불리는 특별한 밀짚으로 만든 왕좌에서 그 태양의 여신과 직접적 또는 상징적으로 성적인 관계를 맺는다고 한다. 이렇게 함으로써 그들은 한 몸이 되고, 그 천황은 전통적으로 신이라고 간주되어 경배의 대상이 되는 것이다. 전체적인 일본 국민의 화신으로서 천황은 전 국가를 대신해서 이 마술적인 의식을 행하는 것이다.

이 다이요사이 의식을 하기 몇 달 전인 8월, 내가 다른 사람들과 함께 일본에 갔을 때 천황이 그 귀신의 의식을 행하지 않는 특권을 행사하도록 열렬히 기도와 금식할 것을 요구했다. 물론 나는 그때 11월의 그 계획된 의식이 실제 일어날 것이라는 것을 알지 못했다.

일본을 향해 출발하기 이틀 전, 나는 인디애나폴리스 후지어 돔에서 열린 성령과 세계 복음화를 위한 대성회에서 주제 강연을 했다. 나는 사람들에게 일본 천만 구령을 위해, 그리고 다이요사이 의식과 연관되어 있는 악령의 세력에 대항해서 기도해 줄 것을 요청했다. 강의가 끝나자 그 모임의 지도자인 신디 제이콥스가 앞에 나가서 나와 함께 일본을 위해 기도해 줄 것을 요청했다.

예언적인 기도

신디는 예언적인 기도를 했는데, 여기에 그 기도 내용을 전부 소개한다.

주님, 당신이 피터 와그너를 일본에 보내 주심을 감사드립니다. 아버지, 히로시마와 나가사키에 원폭을 떨어뜨려 큰 피해를 입힌 것은 미국인들이었습니다. 주님, 히로시마와 나가사키의 그 피해를 회복시키기 위해 한 사람의 미국인 피터 와그너를 보내시니 감사합니다. 아버지, 피터는 일본과 그 국민에게 역사했던 사탄과 그 어둠의 세력을 분쇄하기 위해 성령의 핵폭탄처럼 사용될 것을 믿습니다.

주님, 히로시마와 나가사키의 피해를 입은 일본 사람들의 모든 상처와 아픔을 치료하시기를 간구합니다. 아버지, 이 마지막 때 성령의 역사로 세계만방에 선교사님들을 보내시려고 일본 국민을 강권해서 사용하기 원하심을 감사합니다. 주님, 떠오르는 태양의 나라에서 메뚜기와 황충이 먹어 버린 세월들을 회복하시고, 의로운 태양이신 당신이 사랑하는 이 나라를 위해 치료의 날개를 가지고 떠오르시기를 원합니다.

주님, 지금 당신의 몸에 연합과 회복을 가져오기 위해 당신의

말씀을 가지고 나아가려 하는 피터에게 당신의 기름부음이
능력 있게 넘치게 하옵소서. 예수님의 이름으로 기도합니다.
아멘.

그 순간에 나는 그 기도를 그저 평범한 기도로 생각했었다. 인디
애나폴리스와 대성회를 위한 24시간 중보기도 멤버였던 내 아내
도리스를 남겨둔 채, 나는 주일학교를 가르치고 주일 오후에 다시
일본을 향해 출발할 계획으로 집으로 돌아왔다.

그런데 주일 아침 일찍, 주일학교 설교를 준비하는 중에 이상한
일이 일어났다. 다가올 일본 여행에 대해 기도하고 있을 때, 아마
내 기억으로는 처음으로 나라를 위해 소리 내어 울기 시작했던 것
이다. 처음에는 휴지 한 장을 집어 들었으나 나중에는 휴지 한 통을
책상에 두고 써야만 했다. 잠시 후 어느 정도 마음을 가라앉혔을 때
전화벨이 울렸다. 인디애나폴리스에서 도리스가 한 전화였는데,
그녀와 다른 사람들이 일본을 위해 기도하고 있었는데 기도 중에
주님이 히로시마와 나가사키에 원폭을 투하한 죄를 내가 회개하기
를 원하신다고 느꼈다고 했다.

사실 나는 그런 생각을 한 번도 해 본 적이 없었다. 그러나 그것
이 주님이 원하시는 것이라면 기꺼이 순종할 준비가 되어 있었다.
그래서 나는 느헤미야를 읽기 시작했는데, 이것이 일본 국민과 나
누어야 할 메시지라는 것을 느낄 수 있었다. 나는 미국인들이 원폭
을 투하함으로 말미암아 얼마나 큰 죄를 지었는가를 확실히 느낄
수 있었다. 트루먼(Truman)의 결정이 현명한 군사 전략이었다는 것

을 인정한다 할지라도 미국인들은 아직도 수많은 무고한 일본 국민의 피를 흘리게 한 그 책임을 감당하고 있는 것이다. 나는 이것을 정직하게 고백해야 함을 느낄 수 있었다.

내가 범죄하였나이다

'내 아버지 집뿐 아니라 나도 범죄하였다'(느 1:6을 보라)는 느헤미야의 고백을 읽으면서 나에게 의문점이 떠오르기 시작했다. 첫 번째 생각은 전쟁이 끝나던 그날에 나는 단지 15세의 소년이었다는 것이다(실은 1945년 8월 15일이 나의 15번째 생일이었다). 나는 전쟁에 나가 싸우지도 않았고 폭탄을 제조하지도 않았으며 일본 사람에게 총을 겨누어 쏴 죽인 일도 없다. 그런데 그 순간 성령이 나에게 강하게 임하셔서 두 가지 사실을 깊이 깨닫게 하셨다. 첫째, 내가 죄악 된 미움으로 일본인들을 미워했다는 것을 기억나게 하셨다. 둘째, 하나님은 당시 히로시마에 결코 총을 쏘거나 폭탄을 투하한 일이 없는 나같이 순진무구한 15세의 다른 일본 소년들을 보여 주시며 그들이 원폭으로 지금은 죽어 있거나 영구히 불구가 되어 있다는 것을 깨닫게 하셨다. 일본에 대한 눈물은 전보다 두 배로 더 흘러나오기 시작했다. 오늘날까지도 그때의 상황을 얘기할 때면 감정적인 자제력을 잃게 된다.

그 순간에 나는 존 도우슨이 말한 것이 무엇을 의미하는지를 깨달을 수 있었다. 그는 만약 하나님이 도시나 국가의 죄를 용서하는 데 우리를 사용하시려 한다면, 우리는 개인적으로 그 죄들을 동일시해서 회개해야 한다고 말했다. 나는 느헤미야가 왜 "앉아서 울고

수일 동안 슬퍼" 했는지 깨달을 수 있었다.

> 만약 하나님이 도시나 국가의 죄를 용서하는 데 우리를 사용하시려 한다면, 우리는 개인적으로 그 죄들을 동일시해서 회개해야 한다.

그런데 우연히도 내가 도쿄에서 머무르고 있었던 임페리얼 호텔은 맥아더 장군이 일본에 있을 때 그 본부로 사용했던 건물이었다. 그 호텔은 바로 천황의 궁전 맞은편에 있었는데, 내가 천 명의 일본 그리스도인들에게 강의하고 있었던 강당은 그 궁전의 뜰과 아주 근접해 있었다. 한두 과목의 강좌를 끝낸 후 나는 통역관에게 히로시마나 나가사키의 원폭으로 고생하고 있거나 사랑하는 사람을 잃은 그리스도인이 청중 가운데 있는지 알아봐 달라고 요청했다. 그들이 일본 국민을 대표해서 내 죄의 고백을 듣기를 원했던 것이다.

원폭의 희생자들

우리는 히로시마에서 온 두 명의 피해자를 발견했다. 한 사람은 히로시마에서 군의 전신국에서 일하던 남자로 자신은 방사능에 노출되었으며 다른 부상자들에게 응급 치료를 하고 여러 시체들을 치워야 했었다고 했고, 또 한 사람은 어떤 부인이었는데 그의 시어머니가 신체적으로 다치진 않았지만 아직도 심리적 영향으로 고생하고 있다고 했다. 그 외에 또 나가사키에서 온 두 명의 피해자를 발견했다. 한 명은 남자로서 그 아내와 처제가 모두 방사능에 노출되었는데 처제는 죽었다고 했다. 또 한 사람은 어떤 부인으로 자기 어머니가 나가사키에 간호사로서 돕기 위해 나갔다가 팔에 화상을 입고 간접적인 방사능에 노출되었으나 지금은 회복되었다고 했다.

일본의 복음화를 위한 구체적인 적용과 천만 구령 운동을 위한 비전을 가지고 전략적 수준의 영적 싸움과 국가의 죄들을 용서하는 것에 대한 주제로 열심히 강연을 한 후에 나는 그 네 명을 강단 위에 올라와 내 옆에 서게 했다. 나는 내가 하고 있는 행동을 자세히 설명한 후 그 강단 위의 네 명 앞에 겸손하게 무릎을 꿇고 내 죄와 국가의 죄를 용서해 줄 것을 간청했다. 나는 회개의 눈물을 흘렸고, 눈을 들어 보니 손수건의 물결이 온 강당에 가득했다. 능력의 하나님이 전체적으로 역사하고 계셨다. 나중에 히로시 요시야마(Hiroshi Yoshiyanma) 목사는 이 광경을 이렇게 기록했다: "온 회중은 참회의 눈물 가운데 녹아져 버렸다. 우리는 전에 이런 모임을 가져 본 적이 없었다."

나는 "전에는 일본 사람들을 미워하곤 했으나 이제는 매우 사랑합니다"라고 말했다. 그리고 그 경우에 어떻게 적당한 일본식 절을 해야 할지 몰라 각자에게 미국식 포옹을 해 주었다. 그러고 나서 그 모임을 이끌던 목사는 온 회중이 각자의 죄와 국가의 죄를 참회하도록 인도했다. 그들은 미국인들을 용서했고, 미국 사람들이 저지른 죄보다 그들이 미국을 비난했던 죄가 더 나쁜 죄였기 때문에 용서해 주기를 간청했다. 한국인으로서 일본인에 대해 나름대로 쓴 감정을 가지고 있던 조용기 목사는 나를 포옹하면서, 성령의 능력으로 자신도 깨어져 울었으며 그날 중요한 영적 승리를 했음을 느꼈다고 고백했다.

말할 필요도 없이, 이것은 내게 있어서 결코 잊지 못할 영적 경험이 되었다.

실제로 일어난 일은?

오늘날까지 하나님이 국가의 죄악들을 용서하기 위한 도구로 나를 사용하시려고 선택하심에 송구함을 느낀다. 이 사역에서 실제로 일어난 일은 무엇인가? 어떤 점이 달라졌는가?

우선 나는, 비로소 그날이 되어 일본과 미국의 정치적 관계가 새롭게 시작되었다고는 보지 않는다. 만일 두 나라의 정치적 관계가 새롭게 다시 시작되려고 했다면, 그 자리에 참석했던 사람들이 단순한 신학교 교수가 아니라 나라의 권력을 가진 사람들이 되어야 한다고 생각한다. 정치적으로 확실히 진전이 있었던 것은 몇 주 후에 미국 법무장관 딕 손버그(Dick Thornburgh)가 워싱턴의 공식적인 행사에서 107세 된 일본계 미국인 마무로 에토(Mamuro Eto) 목사 앞에 겸손하게 무릎을 꿇고 제2차 세계대전 동안 미국이 일본계 미국인들에게 한 행위에 대해 사죄했다는 것이다. 그는 그 행사에서 아홉 명의 일본 노인들에게 각각 2만 달러짜리 수표를 주면서 다른 6만5천 명도 비슷한 배상금을 곧 받게 될 것이라고 말했다. 부시 대통령은 "우리는 결코 과거의 잘못을 완전히 가릴 수는 없으나 정의를 위한 확실한 입장에 서서, 제2차 세계대전 중 일본계 미국인들에게 중대한 불의가 행해졌다는 것은 인식할 수 있다"[12]고 말했다.

 이렇게 이야기함으로써 도쿄에서 있었던 일과 워싱턴에서 일어난 일 사이에 어떤 인과론적인 관계가 있다는 것을 암시하는 것은 아니다. 그러나 나는 도쿄에서 그 사건이 있었던 바로 그때 하늘에서 뭔가 변화가 있었다는 것을 믿고 있었다. 어느 정도인지는 모르나 일본을 다스리던 지역 귀신들이 심각한 패배를 당했음을 확실히 느꼈다. 〈로스앤젤레스 타임지〉(Los Angeles Times)는 1991년 일본이 드물게도 제2차 세계대전의 침략에 대해 참회하면서 그 전쟁이 끝난 것을 축하했다고 보도하고 있다.[13] 우리가 기도하고 있는 일본의 복음화를 위한 급속한 변화를 보기 위해서는 더 많은 회개와 자백, 용서와 겸손이 요구되어질 것이다. 변화는 측정하기가 쉽지 않다. 우리가 영적 싸움으로서의 기도에 더욱 많은 경험을 쌓을수록 우리는 더 효과적인 것을 배우게 될 것이다. 우리가 인식해야 할 것 중의 하나는 가시적인 것과 비가시적인 것 사이에 있는 영적인 관계에 대한 개념이다.

보이는 것과 보이지 않는 것

 존 도우슨은 도시에서 보이는 물건들 뒤에 숨어 있는 보이지 않는 영적인 세력들을 분별하기 위해 우리가 하나님의 도움을 요청할 필요가 있다고 말한다. 그는 그리스도인들이 "강도나 폭력, 부패한 정부, 아동 학대 등의 기사들을 비가시적인 영역에서의 실제 갈등과 연결시키지 않고 읽는 경향이 있다"고 말한다. 그는 계속해서 "나는 정치적이고 사회적인 행동에 대해 책임이 있다. 그러나 정사와 권세에 대항해 승리하는 것이 훌륭한 관리를 선출하는 것보다 배 이상으로 중요하다는 것을 깨달았다"고 말한다.[14]

이것을 이해하기 위한 중요한 성경 구절은 로마서 1장에 나타난 일반 계시에 대한 가르침이다: "그의 보이지 아니하는 것들 … 그가 만드신 만물에 분명히 보여 알려졌나니"(롬 1:20). 창조의 목적 중 하나는 창조주의 영광을 드러내는 것이다. 그러나 사탄과 그 악의 세력들은 이것을 더럽혔다. 그들은 "썩어지지 아니하는 하나님의 영광을 썩어질 사람과 새와 짐승과 기어다니는 동물 모양의 우상으로 바꾸었"다(롬 1:23). 그 결과로 많은 피조물들이 하나님보다는 사탄을 더 경배한다. 그리고 사람들은 "피조물을 조물주보다 더 경배하고 섬"기게 되었다(롬 1:25).

이것은 바로 일본 사람들의 이야기다. 하나님은 태양을 그의 영원한 영광과 위엄을 나타내기 위해 창조하셨는데 일본의 지역 귀신들은 그 태양을 악용했다. 그래서 일본을 '떠오르는 태양의 나라'로 알려지게 만들었다. 일본 국기에서 유일한 그림은 태양뿐이다. 그래서 일본에서 높임을 받는 것은 태양을 창조한 영원하신 하나님이 아니라 피조물인 태양의 여신 아마테라수 아미카미다. 일본의 기독교 지도자들은 이것이 바뀌어져, 일본 국기 위의 태양이 악한 정사의 악령이 아니라 영원하신 하나님을 나타내게 되기를 기도하고 있다. 그들은 이사야 59장 19절이 예언적으로 일본에 적용된다고 믿고 있다: "서쪽에서 여호와의 이름을 두려워하겠고 해 돋는 쪽에서 그의 영광을 두려워할 것은."

우리가 만약 국가와 도시의 죄악들을 용서하는 것에 대한 영적인 역동성을 이해하려 한다면 '보이는 것이 아니라 보이지 않는 것을 주목하는 것'이 절대적으로 필요하다. 이는 사도 바울이 말하는 것처럼 "보이는 것은 잠깐이요 보이지 않는 것은 영원"하기 때문이다(고후 4:18).

영원한 것과 보이지 않는 것을 보도록 배우는 것은 효과적인 영적 싸움으로서의 기도를 위해 중요한 부분이다.

〈토의할 문제〉

1. 한국이 다른 나라에 대해 저질렀던 죄악들을 열거해 보라. 그러고 나서 다른 나라가 한국에 대해 저지른 죄악들도 열거해 보라.
2. 미국인들 중 가장 억압을 당한 계층 중의 하나는 아메리칸 인디언들이었다. 국가의 죄악을 용서하는 것의 의미와 그것이 아메리칸 인디언들 위에 있던 권세 잡은 악령들에게 어떤 영향을 끼칠 것인가를 토의해 보라.
3. 십자가상에서 예수가 사탄을 패하게 했는데, 오늘날 사탄의 힘이 왜 그렇게 강력한가?
4. 용서받아야 할 국가나 도시의 죄악들을 당신이 알고 있다고 가정해 보자. 언제, 어디서 용서해야 한다는 사실을 어떻게 알 수 있겠는가?

5. 사람들이 어떻게 조물주보다 피조물을 더 경배하고 섬기는지 당신이 알거나 들은 경우의 예를 들어 보라.

제8장

악령들의 존재와 활동을 파악하라

Naming and Mapping the Powers

C. PETER WAGNER

내가 이 책의 처음 부분을 집필할 때쯤 세계는 심각한 재해로 들끓고 있었다. 1991년 5월에 가공할 만한 태풍이 방글라데시를 강타해서 약 20만 명이 죽고, 수백만 명의 사람들이 다치고 병들고 가난해지고, 집도 없이 희망을 잃어버리게 된 것이다.

〈타임〉(Time) 지에 따르면 20세기에 들어와 열 개의 치명적인 폭풍 중 일곱 개가 방글라데시를 강타했다고 보도했다. 기상학자들도 왜 세계에서 가장 치명적인 폭풍의 70퍼센트가 한 특정 지역에 있어야 하는지 의아하게 여기고 있다. 그러나 그 유명한 벵골(Bengali) 시의 라빈드라나드 타고르(Rabindranath Tagore)는 100년 전에 하나의 가설을 제시했는데, 그는 이러한 현상을 인도의 태풍의 신, 루드라(Rudra)에게 돌렸던 것이다.[1]

이름이 의미하는 바

이 장에서 나는 일반적인 악령들과 특정한 지역 귀신들의 이름을 살펴보려고 한다.

인도 캘커타(Calcutta, India)

로버트 린치쿰(Robert Linthicum)은 목사이며 학자고, 월드비전의 구제와 성장 부서 고문으로, 도시 교회에 대해 놀라운 성경적 신학을 담고 있는 책 「하나님의 도시 사탄의 도시」(City of God; City of Satan)의 저자다. 그가 처음으로 캘커타에 도착했을 때 그는 어둡고 음침하고 불길한 인상들로 인해 거의 압도당할 뻔했다. 세계의 많은 도시들을 자주 여행했던 그에게 있어 이것은 여느 도시들과 다른 느낌이었다. 여기에 어떤 말로도 표현하기 힘든 고통과 질병과 가난의 도시가 바로 캘커타라고 생각했다.

일주일 내내 흔히 볼 수 있었던 광경은 드럼을 치거나 폭죽을 터뜨리고 큰 음악소리를 내면서 거리를 헤집고 다니는 젊은이들이었다. 이 젊은이들은 그 도시를 다스리는 힌두의 여신 칼리(Kali)를 위한 연중행사에 참여하고 있었다. 캘커타라는 이름도 그 여신의 이름에서 나온 것이다.

"이 젊은이들의 영혼을 모으는 칼리는 누구인가?"라고 린치쿰은 묻는다: "칼리는 힌두 신전에 거하는 어둠과 악 그리고 파괴의 여신이다. 온 도시는 이 여신에게 바쳐진다."[2]

캘리포니아 애너하임(Anaheim, California)

오늘날 기도 운동의 세계적인 지도자로 인식되고 있는 래리 리는 장기간 계속되는 '기도 성회' 중 첫 번째 집회를 인도하려고 애너하임에 도착했다. 그의 목적은 이 도시에서 악령의 강력의 진에 심각한 타격을 입히는 것이었다.[3]

애너하임으로 가기 전에 래리 리는 하나님의 도우심을 구했다. 다른 무엇보다도 주님이 남부 캘리포니아의 애너하임에 있는 악령의 본거지의 실체가 무엇인지를 보여 주시기를 간구했다. 그래야만 그의 기도가 보다 더 구체적으로 될 수 있기 때문이었다. 기도를 통해서 그는 거대한 로스앤젤레스 지역을 지배하고 있는 네 가지 주요한 악령들과 싸워야 함을 분별할 수 있었다. 그것은 종교, 마법, 폭력 그리고 탐욕의 영이었다. 그는 그러한 구체적인 악령들과 대항하기 위해 애너하임의 집회장에서 7,500명의 그리스도인들이 참석한 대규모 기도 집회를 계속 인도했다.

브라질 마나우스(Manaos, Brazil)

전에는 파키스탄의 선교사였고 지금은 스웨덴에서 목회를 하고 있는 셸 셰베리(Kjell Sjöberg)는 전략적 수준의 중보기도를 하기 위한 특별한 목적으로 기도 팀을 만들어 세계 곳곳을 여행하고 있다. 그는 브라질 아마조나스(Amazonas) 주의 수도인 마나우스를 방문해서 그곳의 신도들에게 어떻게 하면 국가의 죄악들을 용서할 수 있는가를 가르치고 있었다. 그때 그는 아마존 지역이 심각한 환경 위기 가운데 있다는 것을 깨달을 수 있었는데, 그것은 대규모의 채굴과 그 지역 생태계에 매우 중요한 광활한 수림의 파괴 때문이었다.

다른 그리스도인과 함께 기도했을 때 하나님은 그들에게 그 지역에 있는 악령의 본거지를 보여 주셨다. 그들은 고무로 인해 대실업가가 된 사람이 지은 유명하고 화려한 오페라 하우스(Opera House)에 갔는데, 무대 위의 벽화에 강물 속에 있는 한 여인이 그려져 있었다. 그 여인은 콜럼버스가 아메리카를 발견하기 오래전에 그 지역을 다스렸던 강들의 어머 이아라(Iara)로서 그 지역의 악령인 것으로 판명되었다. 그 오페라 하우스는 이아라라는 여신을 위한 신전으로 지어졌던 것이다.

셰베리가 이아라를 그 지역을 다스리는 정사와 권세의 영으로 폭로했을 때 그곳의 한 목사가 "내가 그리스도인이 되기 전에는 이아라 숭배자였습니다"라고 말했다. 그들은 이아라의 권세가 파해지고 아마존의 수림이 회복되도록 함께 기도했다.[4]

악령들은 정말 이름이 있는가

그리스도인 지도자들이 지역 귀신을 실제 이름으로 구별해서 파악한다고 할 때 이에 대해 어떻게 생각하는가? 루드라, 이아라, 탐욕의 영 그리고 폭력의 영이라는 말을 들을 때 우리 마음에 무슨 생각이 스치는가? 우리가 그러한 악령의 이름들을 구체적으로 성경에서 알기 전까지는 그러한 것들이 우리에게 생소해 보일 것이다.

예수님도 '군대'라고 불리는 매우 권세 있는 악령의 이름을 묻고 아셨다(눅 8:30을 보라). 혹자는 그것이 단지 많은 숫자를 나타내는

데 불과하다고 하나, 어쨌든 그것은 네 이름이 무엇이냐는 예수님의 질문에 대한 직접적인 대답으로 드러난 것이었다. 에베소인들의 다이아나(아데미)도 구체적인 이름이 언급되어 있다(행 19:23~41을 보라). 빌립보에서는 여종 하나가 헬라어로 '뱀 신'(Python spirit)이라 불리는 점하는 귀신이 들려 있었다(행 16:16을 보라). 물론 우리는 모든 악령의 우두머리의 이름이 사탄이란 것을 알고 있다. 바알세불(눅 11:15)은 '파리의 왕'(Lord of Flies)으로서 매우 서열이 높아 어떤 사람은 그를 사탄과 동일시하기도 한다. 요한계시록에서 우리는 사망(6:8), 음부(6:8), 쑥(8:11), 아바돈 혹은 아볼루온(9:11), 짐승(13:1), 음녀(17:1), 거짓 선지자(19:20) 등의 많은 이름을 발견하게 된다. 또 구약에서 보이는 바알(왕하 21:3), 아스다롯(왕상 11:5), 밀곰(왕상 11:5) 같은 악령의 이름들은 우리에게 매우 익숙하다. 그들 중 몇몇은 영적으로 친척까지 가지고 있는데, 예를 들어, 바알갓(재산의 신, 수 11:17), 바알브릿(계약의 신, 삿 8:33), 바알랏 브엘(우물의 여신, 수 19:7) 등이 그것이다.

성경에서 찾아볼 수 있는 것 외에 다른 악령의 이름들도 알려져 있다. 그 이름들이 얼마나 정확한지는 확실히 모르지만 귀신론이나 천사론 분야의 전문가들은 어떤 이름에 대해서는 어느 정도의 일치를 보고 있는 것 같다. 예를 들어, 외경의 책인 「토비트」(Tobit)에서 아스모데우스(Asmodeus)라는 이름이 유명한데, 그는 '가장 사악한 귀신'(토비트 3:8)으로 언급되고 있다.

마르쿠스 바르트(Markus Barth)는 "유대의 묵시 문학 및 여러 저작들은 각각의 속성에 대응해 마스테마(Mastema), 아사셀(Azazel), 사마엘(Samael), 대적장 벨리알(Beliar 혹은 Belial) 등의 악령들을 묘사하고 있다"⁵⁾고 말한다. 또 구스타브 데이비드슨(Gustav Davidson)은 그의 「타락한 천사들을 포함한 천사들의 사전」(Dictionary of Angels, Including the Fallen Angels)이라는 책에서 고대 이후로 나타났던 악령들의 이름을 열거하고 있다.⁶⁾ 그리고 다른 자료는 맨프레드 루커(Manfred Lurker)의 「신과 여신들, 악마와 귀신들의 사전」(Dictionary of Gods and Goddesses, Devils and Demons)이다.⁷⁾

내가 이러한 이름들과 자료들을 열거하는 것은 악령들을 영화롭게 하고자 하는 것이 아니라 그들의 정체를 폭로해서 좀 더 쉽게 공격하기 위함이다. 이 시점에서 나는 많은 영들이 정말 이름을 가지고 있다는 것을 주장하고 싶다. 그들은 역사를 통해 알려졌을 뿐 아니라, 오늘날 세계의 여러 집단 속에 살고 있는 인류학자들이나 선교학자들은 정사와 권세의 영들의 이름이 널리 알려져 있다는 사실을 발견한다.

예를 들어, 하와이를 방문하는 사람들은 그 큰 섬을 다스리는 정사의 영이 화산의 여신 펠레(Pele)라는 것을 쉽게 알게 된다. 버넌 스터크에 의하면 남부 멕시코에서 그와 함께 일하고 있는 초칠 사람들은 그들의 부족과 마을에 거주하는 많은 지역 귀신들의 이름, 심지어 집이나 개울까지 점거하고 있는 귀신들의 이름도 잘 알고 있다고 말하고 있다.⁸⁾ 내가 수년 동안 사역했던 볼리비아에서는 태양신 인티(Inti)와 대지신 파차마마(Pachamama)의 영적 권세가 대다수 사람들에게 절대적인 것이었다. 어떤 오스트리아 원주민들은 그 땅의 악령들을 느낄 수 있고, 때때로 냄새도 맡고 들을 수도 있을 뿐만 아니라 볼 수도 있다는 것은 잘 알려진 사실이다.⁹⁾ 그들은 그 악령들의 이름을 매우 잘 알고 있다.

악령의 이름을 부르는 것

악령들이 이름을 갖고 있다는 것을 알게 되면 여러 가지 질문이 야기될 수 있다. 이러한 이름들을 아는 것이 얼마나 중요한 것인가? 만약 우리가 그 이름들을 안다면 영적 싸움의 기도에 우리가 사용해야 할 것인가?

먼저 고유의 이름들과 기능적 이름들을 구별하는 것이 도움이 된다. 칼리, 이아라, 쑥, 아데미, 펠레 등은 고유 이름들의 예다. 폭력의 영, 거짓 선지자, 마법의 영 등은 그들이 무엇을 하고 있나 강조하는 기능적 이름들이다. 예를 들어, 존 도우슨은 뉴욕을 배금의 영, 시카고를 폭력의 영이라고 했다. 그리고 마이애미는 정치적 음모의 영과 연관시킨다. 그는 "악령의 정확한 이름을 아는 것이 필요하진 않지만 그 구체적인 본성이나 압박의 형태를 아는 것은 중요하다"[10]고 말한다.

이것은 실제적 차원에서 귀신을 내어 쫓고 있는 많은 사역자들에 의해서도 확증된다. 나는 개인적으로 귀신을 쫓는 훌륭한 사역을 감당하고 있는 동료 사역자들과 함께 축귀에 있어서 하나의 패턴이 있다는 것을 관찰해 냈다. 그들이 처음에 귀신을 쫓아내려고 할 때 그들은 종종 귀신으로 하여금 그들에게 말을 길게 하고 이름과 활동을 드러내도록 유도한다. 이러한 간접적 접촉을 통해 그들은 귀신을 이길 수 있는지 없는지, 또 귀신이 언제 실제로 떠나는지를 보다 더 확실히 알 수 있는 것이다. 나는 이것이 타당한 방법론이라고 생각한다. 하지만 기술, 경험, 영적 분별력 등이 성장할수록 그들은 대부분의 방법론을 버리고 귀신들이 이야기하거나 이름을 밝히거나 어떤 방법으로든 자신을 드러내지 못하게 하는 등 귀신들을 묶어 버린다. 이러한 조용한 방법이 거의 같은 효력으로, 어떤 경우에는 좀 더 효과적인 것처럼 보인다.

영적 세계의 고차원에서 싸우고 있는 사람들은 악령의 이름을 아는 것이 반드시 필요하지는 않겠지만 여러 경우에 도움을 준다는 것에 대해서는 동의하고 있음을 우리는 인식할 필요가 있다. 그 이유는, 우리의 문화 속에서는 우리가 생각으로 추정하는 것보다 이름 안에 더 큰 권세가 있는 것처럼 보이기 때문이다.

룸펠슈틸츠킨(Rumpelstiltskin)의 예

우리 대다수가 어렸을 때 들었던 룸펠슈틸츠킨이라는 난쟁이의 이야기를 기억할 것이다. 이 독일의 민담은 악령의 능력에 대해 분명히 나타내 주고 있다. 그 난쟁이는 왕비가 되려는 소녀의 목숨을 구하기 위해 실로 금을 잣는 초자연적인 힘을 사용한다. 그러나 룸펠슈틸츠킨은 그 대가로 그녀의 첫 아이를 요구하기 때문에 이 초자연적인 힘은 명백하게 하나님으로부터 온 것이 아니다. 아이가 태어나자 그 불쌍한 소녀는 약속을 취소하기 원하지만, 난쟁이는 자신의 이름을 알아맞히면 그렇게 하겠다는 얼토당토않은 조건을 내세운다. 그녀는 그의 이름을 알아내고 결국 저주는 깨진다. 이야기는 행복하게 끝나며, 우리로 하여금 악령의 세계에서 고유의 이름을 아는 것이 중요하다는 것을 알게 해 준다.

나는 이 동화를 영적 원리를 증명하기 위한 예로 사용하는 것이 아니라, 강한 악령의 압제 밑에 있는 국민들(예수를 믿지 않는 독일인들)의 세계관 속에 이름이 갖고 있는 중요성을 드러내기 위해 잘 알려진 예로 사용하는 것이다. 클린턴 아놀드는, 1세기의 에베소에서는 초자연적인 영들의 이름을 부르는 것이 마술에 있어 기본적인 것이었다고 단언한다.[11] 또 버넌 스틱은, 초칠인들 사이에서는 무당들이 여러 가지 경우에 있어 각각 다른 악령들의 이름을 부르는 것을 자랑스럽게 여긴다고 말한다.[12]

신약 신학사전이 이것을 잘 요약하고 있다.

> "사실상 모든 나라의 믿음과 사고에서 이름은 사람이건 신이건 악마건 관계없이 밀접하게 연관되어 있다. 그 존재의 이름을 알고 있는 자는 그를 다스릴 능력을 발휘할 수 있다(이것은 내가 강조하는 바이기도 하다)."[13]

실제에 적용하는 것

숙련된 영적 전사들은 영적 싸움의 기도에 있어서 보다 더 구체적으로 행할수록 더욱 효과적이라는 것을 발견했다. 예를 들어, YWAM의 딘 셔먼(Dean Sherman)은 다음과 같이 말한다: "하나님은 우리의 기도가 구체적일 수 있도록 특별한 감화력을 허락하신다. 그래서 우리는 예수님의 이름으로 귀신의 권세들을 파하고, 성령이 오셔서 그 상황을 치유하시도록 중보기도를 할 수 있다." 셔먼은

"구체적으로 기도할수록 우리의 기도가 더 효과적이라는 사실"[14]에 동의한다.

> 숙련된 영적 전사들은 영적 싸움의 기도에 있어서 보다 더 구체적으로 행할수록 더욱 효과적이라는 것을 발견했다.

도시학자 밥 린치쿰(Bob Linthicum)은 그의 도시학 워크숍에서 참가자들이 그들의 '도시의 수호신'을 분별하는 것을 중요하게 여기고 있다. 그들은 수호신의 이름 및 모습을 알아야 하고, 자기들의 교회를 포함해 도시생활의 여러 면에서 그 수호신이 어떻게 나타나느냐를 토의해야 한다. 그는 그런 훈련이 언제나 워크숍의 가장 고무적인 사건이 된다고 말하고 있으며, 참가자들 사이에서는 그들이 자기들의 도시를 더 깊이 있게 이해할 수 있다는 감정이 싹트게 된다. 린치쿰의 결론은 "당신이 살고 있는 도시의 수호신의 이름과 그 활동을 이해하는 것은 교회가 정사와 권세의 영과 직면해서 감당해야 하는 차원을 드러내 주고 이해할 수 있다"[15]는 것이다. 이것은 월터 윙크의 3부작 「정사와 권세의 영들」에서 왜 1부를 "이름을 아는 것"으로 시작했는가와 깊은 관련이 있다.

오늘날 전략적 싸움으로서의 영적 전투에서 선구자 중 한 사람인 딕 버널은 "하늘의 권세자들을 다루는 데 있어 그 정체를 밝히는 것은 아무리 강조해도 지나치지 않다"[16]고 말한다. 래리 리가 그의 교회를 위해 기도할 때, 그는 교회의 동서남북에 있는 악의 권세자들에게 사람처럼 말을 건다. 예를 들어, 그는 "북방아, 네가 우리

교회의 일원이 되게 하시려는 하나님의 백성을 붙잡고 있구나. 예수 그리스도의 이름으로 네게 명하노니 이 교회의 일원이 되려는 모든 사람을 풀어 놓을지어다"[17]라고 말한다.

요약해서 말하자면, 악령들의 이름을 아는 것이 꼭 필요한 것은 아니지만, 기능적인 이름이건 고유한 이름이건 알 수만 있다면 영적 싸움으로서의 기도를 집중시키는 데 있어서 상당한 도움을 준다는 것이다.

영적 도해

악령들의 이름을 밝히는 것과 깊이 연관된 기독교의 연구 조사와 사역에 있어서 상대적으로 새로운 영역은 '영적 도해'다. 이 분야의 발전과 사회의 주도적 인물은 남부 침례 외국 선교회의 데이비드 배럿(David Barrett)과 AD 2000 운동의 루이스 부시(Luis Bush), 파수대의 조지 오티스 주니어다. 데이비드 배럿은 세계기독교대백과사전을 출판했으며 세계 그리스도인 통계를 위한 가장 많은 자료를 가지고 있는 사람으로서 북아프리카, 중동, 일본과 아시아를 망라하는 지역을 식별했는데, 그의 컴퓨터 통계에 따르면 적어도 복음을 듣지 못한 족속의 95퍼센트, 즉 대다수의 비그리스도인들이 이 지역에 살고 있다고 한다.

10/40 창문

루이스 부시는 이 지역이 위도 10도에서 40도에 위치하고 있다는 것을 발견하고 세계지도에 직사각형을 그려 '10/40 창문'이라고 불렀다. 이 '10/40 창문'은 선교학자들에 의해 1990년대에 세계 복음화를 위해 가장 중요한 중심 지역으로 널리 받아들여졌다. 그 안에 불교, 유교, 힌두교, 이슬람교, 신도, 도교의 본부들이 다 있다.

조지 오티스 주니어는 "세계에서 복음을 듣지 못한 95퍼센트의 족속이 살고 있는 이러한 종교적 중심지에서 기독교가 주도적 역할을 함으로써 '10/40창문' 지역의 국가와 사회는 앞으로 중요한 영적 전쟁터가 되는 것을 피할 수 없을 것이다. 그리고 결국 그 거대한 전쟁이 전개될 때, 적의 심장부는 아마도 세계의 중심에 놓여 있는 두 강력한 본거지(이란과 이라크)가 될 것이다"[18]라고 했다. 오티스는 전략적 수준의 영적 싸움은 그것이 애초에 시작됐던 에덴동산과 똑같은 지정학적 위치에서 수행되어져야 할 것이라고 지적한다.

> 전략적 수준의 영적 싸움은 그것이 애초에 시작됐던 에덴동산과 똑같은 지정학적 위치에서 수행되어져야 할 것이다.

이렇게 분별함으로써 '영적 도해'를 할 수 있다. 영적 도해는 도시나 국가나 세계를 "겉으로 나타나는 현상으로 보는 것이 아니라 실제 있는 그대로의 모습으로"[19] 보고자 하는 시도다. 그것은 영적인 실제는 자연계 뒤에 숨겨져 있다는 가정에 근거한 것으로서, 내가 앞 장에서 설명했듯이 보이는 것과 보이지 않는 것의 차이를 신중하게 받아들이는 것이다. 사도 바울은 "우리가 주목하는 것은 보이는 것이 아니요 보이지 않는 것이니"(고후 4:18)라고 말한다.

오티스는 영적 도해를 "물질세계에 있는 장소나 환경 위에 영적인 영역의 힘이나 사건들에 관한 우리의 이해를 첨가해서 포함시켜 놓은 것"으로 설명한다. 이것은 우리가 이제껏 보지 못했던 지도(map)다. 오티스는 "세계에 대한 이 새로운 지도 위에서 우리가 조사한 세 가지의 영적 권세들(힌두이즘, 물질주의, 이슬람)은 실질적인 본체가 아니며, 오히려 그것들은 널리 서열을 갖춘 강력한 악령의 권세들이 수십억의 사람들을 다스리고 있는 수단인 것이다"라고 말한다.[20]

딘 셔먼은 우리가 '영적 도해'를 해야 할 한 가지 이유를 든다면, 그것은 사탄이 이미 그의 도해(mapping)를 끝냈기 때문이라고 말한다: "사탄이 이 땅을 지배하려는 계획은 훌륭한 장군들처럼 훌륭한 작전 지도를 가지고서 시작한 것이다. 사탄은 그의 전쟁터를 잘 알고 있다." 셔먼의 경험은 이것을 입증해 준다: "내가 로스앤젤레스에서 다른 교외로 나갔을 때 나는 영적으로 외국 땅에 들어선 것처럼 느꼈다." 그는 우리가 영적인 독도법을 배울 것을 권한다: "지역적으로 기도하는 것은 사탄을 흔들어 그의 계획들을 방해할 것이다."[21]

성경에서의 영적 도해

몇몇 사람들은 영적 도해의 성경적 근거를 당연히 물어볼 것이다. 영적 도해를 위한 신학적 토대는 이미 제7장에서 언급했던 보이는 것과 보이지 않는 것의 개념을 포함한다. 그 구체적인 예를 성경에서 적어도 한 가지는 들 수 있다.

어느 날 하나님은 에스겔에게 말씀하신다: "너 인자야 토판을 가져다가 그것을 네 앞에 놓고 한 성읍 곧 예루살렘을 그 위에 그리고"(겔 4:1). 에스겔은 그 당시 종이에 해당하는 진흙덩어리 위에 지도를 그려야 했다. 그리고 나서 하나님은 그에게 그 성읍을 "에워싸라"고 말씀하셨다. 이것은 명백히 실제 전쟁이 아닌 영적 싸움에 관한 것이다. 에스겔은 그 다음 철판을 가져다가 그와 성읍 사이에 벽처럼 세우고 성을 에워싸는 것처럼 둘러쳐야 했다(겔 4:3을 보라).

오늘날 우리의 영적 기도는 토판 위에 그리는 것이 아니다. 그것은 물론 컴퓨터에 의해 컬러 레이저 프린트로 인쇄되어 그려질 것이다. 나는 하나님이 우리가 에스겔처럼 예루살렘과 같은 도시나 이웃, 복음이 전해지지 않은 족속이나 나라와 같은 '악령의 강력한 진'에 대항해 포위 공격하기를 원하고 계심을 믿는다.

지도를 그리는 것

이 '영적 도해'는 매우 새로운 시도로서, 정확한 영적 도해는 훌륭한 역사적 탐구에 근거한다. 전략적 수준에서의 영적 싸움에서 전문 지식을 발전시킨 몇몇 사람들은 이 분야의 탐구자들에게 귀중한 지침을 제시한다.

예를 들어, 톰 화이트는 "당신이 속해 있는 지역에서 마귀에게 속박당하게 하는 이데올로기, 종교적 관습들 그리고 문화적인 죄악들을 조사하기 시작하라. 도시나 지역은 반드시 특징적인 영적 분위기를 가진다"고 말한다. 애초에 도시가 세워진 상황을 이해하는 것은 도움이 된다. 이것은 또한 건물에도 적용될 수 있다. 화이트는 밤마다 악령들이 소란을 피우는 대만에 있는 한 장로교 성경대학에 대해 이야기했다. 조사한 바에 따르면, 그 학교는 불교 신자들의 매장지 위에 세워졌다고 한다.[22]

영적 탐구의 방법론에 대한 더 자세한 상황을 알기 원하는 사람들을 위해 나는 이 분야의 두 대가인 신디 제이콥스의 책「대적의 문을 취하라」[23]와 존 도우슨의「도시를 점령하라」[24]를 추천한다. 이 책들 안에 신디 제이콥스는 일곱 가지 항목을, 존 도우슨은 스무 가지 항목을 싣고 있다.

물론 모든 것이 탐구해서 발견되는 것은 아니다. 성령이 영적 도해자들에게 영적 통찰력을 주시기 때문에 영 분별 은사는 매우 귀중한 영적 은사다. 많은 경우에 있어 탐구와 영 분별은 병행한다. 탐구할 때는 그 탐구 자료를 해석하기 위해 영적인 통찰력을 필요로 한다. 톰 화이트가 이야기하듯이 "주님에게 질문하고 주님의 응답에 귀 기울이는 법을 배우라."[25]

과달라하라(Guadalajara)의 지도 그리기

얼마 전에 나는 멕시코 하나님의 교회(클리블랜드, 테네시)의 200여 교회의 실무자들을 위한 교회 성장 회의에 참석하기 위해 처음으로 멕시코의 과달라하라를 방문했다.

나는 6백만의 인구를 가진 그 도시에 단지 160개의 복음주의 교회밖에 없다는 사실을 발견했다. 이것은 심각한 문제였다. 왜냐하면 라틴아메리카의 주요 지역은 통계상으로 개신교가 5퍼센트 이상 되어야 했기 때문이다. 많은 지역이 10~20퍼센트의 기독교 인구를 갖고 있다. 그리고 근접한 과테말라는 30퍼센트 이상이다. 최소한 복음주의 신자가 5퍼센트라면 과달라하라에는 160개가 아니라 1,500개의 교회가 있어야 한다. 과테말라 수준이라면 9,000개의 교회들이 있어야 하는 것이다.

무엇이 잘못되었는가?

이 점에 대해 묵상하면서 성령이 주신 깨달음 중의 하나는 멕시코의 목사들이 훌륭한 자질을 가진 지도자들이라는 것이었다. 나는 방 한쪽에 200명의 멕시코 목회자들을 두고 다른 쪽에 200여 명의 과테말라 목회자들을 두는 시나리오를 상상해 보았다. 만일 그들을 신학 문제로 테스트한다면 실상 똑같은 점수가 나올 것이다. 그리고 그들의 도덕성을 테스트한다 할지라도 별로 큰 차이는 없을 것이다. 교파 간의 복음을 위한 방법론이나 동기도 마찬가지일 것이다. 그러면 무엇이 다르단 말인가? 한쪽 편의 폭발적인 교회 성장과 다른 쪽의 복음에 대한 완고한 저항을 우리는 어떻게 설명할 수 있는가?

교회 성장에 있어서의 이러한 불균형이 멕시코 목회자들 때문만은 아니라는 생각이 들었다. 그들이 비난받거나 정죄 받을 필요는 없었다. 그들은 희생자였다. 과테말라에서 현저히 약해진 악령의 세력들이 과달라하라에 진을 치고 세력을 쌓아 그들은 그 피해자가 된 것이다.

이러한 염려에 대해 그곳의 목회자들에게 이야기하기 시작했을 때, 그들이 전략적 수준의 영적 싸움에 대해 별로 인식하지 못하고 있는 것을 발견하고는 다소 놀라지 않을 수 없었다. 만약 그들이 침례교나 장로교의 목사들이었다면 내가 그렇게 놀라지는 않았을 것이다. 그러나 그들은 오순절주의 목사들이었던 것이다.

사탄의 모퉁이

나는 심란한 마음으로 호텔에 돌아와 하나님이 영적 분별력을 주시도록 기도했다. 그리고 나서 커피를 마시기 위해 아래층으로 내려갔는데 하나님은 내가 기대한 이상으로 빠른 응답을 주셨다. 우연히 관광 잡지를 보았는데, 그 안에서 과달라하라에 있는 사탄의 보좌를 발견한 것이다. 그 도시의 중심부에 타파티아(Tapatia) 광장이 있었는데, 관광지의 목록 중에 '사탄의 모퉁이'라고 불리는 장소가 있었던 것이다.

호기심이 나서, 나는 차를 운전해 주시는 목사님에게 타파티아 광장까지 태워다 달라고 부탁했다. 서너 블록을 남겨 두고 나는 앞자리에서 주님의 보호하심을 위해 큰 소리로 기도했다. 운전해 주시던 목사님이 다소 놀라는 것을 알 수 있었다. 우리는 주차 후 광장을 거쳐 '사탄의 모퉁이'까지 걸어갔다. 나는 그곳에 있는 형상을 봤을 때 등골이 오싹함을 느꼈다. 동서남북을 가리키는 나침반이 대리석으로 만든 보도 위에 아름답게 새겨져 있었다. 그것을 통해서 사탄은 상징적으로 그 도시 전체를 지배하고 있었던 것이다.

회의장으로 돌아오는 길에 내 친구 목사는 "그것 참 이상한 경험이군. 타파티아 광장에 100번은 갔었지만 이번처럼 영적으로 눌렸던 적은 없었네" 하며 말했다. 이에 나는 "놀라지 말게. 자네가 전에 갔을 때는 관광객으로 간 거라네. 이곳의 정사의 영은 이곳을 방문하는 관광객과는 아무 문제가 없어. 그러나 이번엔 자네가 침략자로서 간 것이고, 악령들은 이것을 확실히 알고 그에 따라 반응한 거라네" 하고 말했다. 그제야 그는 내가 왜 주님의 보호하심을 위해 기도했는가를 이해하겠다고 했다.

회담에서 나는 사람들에게 초보적인 영적 도해라 할 수 있는 이 경험에 대해 이야기했다. 그들은 그런 종류의 접근법을 알지 못하고 있었기 때문에 스스로가 그렇게 해 보지 않았다는 것을 고백하면서 매우 진지하게 귀를 기울였다.

그리고 나자 식스토 히메네스(Sixto Jimenez) 목사님이 일어나서는, 자신은 영적 싸움으로서의 기도에 대해 잘 알지는 못하지만 도시 주위의 여러 교파에서 60명의 목회자들이 모여 6개월 전부터 한 달에 한 번씩 기도 모임을 가져 왔다고 말했다. 그는 과달라하라에서 실제로 살았던 사람이었고 그 지역의 감독으로 일하고 있었다. 그러고 나서 그는 "지난 주일 우리 교회에는 교회 역사상 가장 많은 26명에게 세례를 베풀었습니다"라고 말했다. 나는 오랫동안 과달라하라 사람들의 마음을 묶고 있던 정사와 권세의 영들을 파하시는 하나님의 역사가 이미 시작되었다는 사실에 그들과 함께 기뻐했다.

아르헨티나로 돌아와서

이 책을 통해 전략적 수준의 영적 싸움의 이론들을 시험하고 있는 주요한 실험실로 아르헨티나에 관한 이야기를 자주 언급했다. 레지스텐시아에서 실질적인 복음의 열매를 맺기 위한 열쇠 중의 하나는 그 도시를 다스리고 있는 악령들의 이름을 밝히는 것이었다: 폼베로, 쿠루피, 산 라 무에르테, 레이나 델 키엘로, 마법사와 프리메이슨(제1장 참조). 신디 제이콥스의 지도 아래 아르헨티나의 목사들은 이러한 정사의 영들에 대항해서 강하게 그리고 구체적으로 기도했다.

중앙 광장에 있는 세 개의 큰 패널화가 이 정사의 영들에 대항하는 데 상당한 도움을 주었다. 신디는 "이 패널화들은 영적인 세계의 지도 같군요. 이것들은 악령의 계획과 의도들을 드러내 주고 있어요"라고 말했다. 그리고 나서 그녀는 큰 뱀이 어떻게 마법을 나타내는가 그리고 그 뱀이 기독교를 나타내는 몇몇 물고기들을 어떻게 배 속으로 삼켰는지에 대해 지적해 주었다. 공중의 새들은 종교적인 영들을 나타냈다. 바이올린을 연주하는 앙상한 사람은 산 라 무에르테였다. 태양과 달을 가진 암운이 깃든 사람은 '하늘의 여왕'을 상징하는 것이었다.[26] 레지스텐시아의 경우는 악령들의 이름을 밝히는 것과 영적 도해가 어떻게 병행하는지를 보여 준다.

에드 실보소의 추수 복음화 운동의 다음 목표는 부에노스아이레스의 바로 남쪽인 라플라타에서의 3개년 복음주의 전진 계획이다. 영 분별의 은사를 갖고 있는 젊은 아르헨티나 목사 빅토르 로렌조(Victor Lorenzo)에게는 80만 인구를 가진 이 도시에 대한 영적 도해를 하도록 임무가 주어졌다.

프리메이슨의 상징

빅토르 로렌조는 라플라타가 약 100년 전에 메이슨의 고위급 인사인 다르도 로차(Dardo Rocha)에 의해 세워졌다는 것을 발견했다. 그는 그 도시를 메이슨의 상징과 수점(numerology)의 지령에 따라 설계했다. 그는 상징적인 피라미드를 형성하면서 도시를 가로지르는 두 개의 대각선인 큰 거리를 만들었다. 그리고 나서 그는 이집트에 가서 몇 개의 미라를 가지고 와서 그것들을 전략적 요충지에 묻었는데, 그것은 그가 악마의 지배를 교묘하게 도와서 도시가 마귀의 지배하에 있도록 확증하기 위해서였다.

중앙 성당 앞에 있는 거대한 모레노(Moreno) 광장에는 아름다운 여인의 청동상 네 개가 있는데 각각이 그 도시에 대한 저주를 나타내고 있다. 그것들은 프리메이슨이 경영하는 파리의 주물공장에서 만들어진 것이다. 광장에 있는 또 다른 청동상은 휘어진 활을 가지고 있는 우람한 궁사다. 그 화살은 성당의 꼭대기에 있는 십자가를 향해 직접 겨누어져 있다. 그리고 그 성당 안에는 십자가가 없다. 그 사악한 궁사가 그 도시에서 기독교의 중심부로부터 십자가에 못 박힌 그리스도(가톨릭은 빈 십자가 대신 십자가에 못 박힌 예수님을 주로 사용한다)를 몰아냈다는 것이 명백하게 보인다.

성당의 정문에서 곧장 걸어 나오면 시청, 시의회와 의사당, 경찰국, 시의 극장 등등 권력의 중심부가 나온다. 그것들은 전에 52번가였던 곳에 있었는데, 지금은 그 자리가 없어졌다. 그 대신 메이슨의 의식이 거행되었던(지금도 거행될지 모르지만) 건물들 밑에 하나의 터널이 있다.

도시의 배선에는 6이라는 숫자가 뚜렷이 나타나고, 공공건물의 건축에도 666이라는 숫자가 때때로 나타난다. 또한 많은 빌딩이 금빛 나는 괴상한 마귀의 얼굴들로 실내 장식의 주요 부분을 이루고 있다. 빅토르 로렌조는 이미 많은 증거들을 발견했고, 하나님은 그가 라플라타의 영적인 도해를 계속할수록 새로운 것을 더욱 많이 가르쳐 주실 것이다.

내가 자주 언급해 왔던 것을 다시 반복해야겠다. 권세 잡은 악령들의 이름을 밝히는 것과 영적 도해는 그 자체로서 목적이 아닐 뿐 아니라 사탄이나 악령들을 영화롭게 하는 수단은 더더욱 아니다. 예를 들어, 걸프전에서 사담 후세인의 통신 시설들을 발견하려고 계획했던 것은 사담 후세인을 영화롭게 하려고 했던 것이 아니라 그를 공격해 그의 권력을 빼앗기 위함이었다. 마찬가지로 권세 잡은 악령들의 이름을 밝혀내는 것은 강한 자를 결박하고 예수 그리스도를 구세주로 영접해야 할 라플라타의 80만의 영혼을 아직도 사로잡고 있는 악령의 세력을 파하기 위함이다.

전체적으로 볼 때, 하나님이 원하시는 뛰어난 수준으로 악령들의 이름을 밝히는 것과 영적 도해를 하는 방법을 배우기에는 아직도 가야 할 길이 멀다. 이 장에서 나는, 단지 다른 사람들이 이러한 것을 발전시켜 나가도록 하는 출발점을 제공하려고 노력했을 뿐이다. 결론은 권세 잡은 악령들의 이름을 밝히는 것과 그에 대한 영적 도해가 우리 시대에 땅 끝까지 하나님의 나라를 확장하기 위해 하나님이 사용하실 새롭고 중요한 도구로서의 잠재력을 갖추고 있다는 것이다.

〈토의할 문제〉

1. 태풍과 같은 현상을 영적인 힘으로 돌리는 것이 얼마나 정확한 것이라고 생각하는가?
2. 지리나 역사 공부에서 '지역 귀신'으로 분별되는 어떤 이름이 떠오른 적은 없는가? 그것에 관해 이야기해 보라.
3. 당신이 살고 있는 도시의 '수호신'이 무엇인가를 알아보려고 시도해 보겠는가? 당신의 결론을 어떻게 테스트하고 정당화하겠는가?
4. 당신이 살고 있는 도시에 대한 '영적 도해'의 잠재성에 관해 토의해 보라. 무엇이 좀 더 명확한 경계선이 될 수 있겠는가?
5. 마귀가 누구이고 그가 무엇을 하는지에 대해 지나치게 탐닉하는 것이 왜 위험하게 여겨진다고 생각하는가?

제9장

도시를 구원하는 법

The Rules for City-Taking

C. PETER WAGNER

많은 기독교 지도자들이 한 나라의 복음화를 위한 전략적이고 지정학적인 지역이 도시라는 데에 인식을 같이하고 있다. 이에 대해 명료하게 우리의 관심을 끌게 해 준 사람들 중에는 존 도우슨과 플로이드 맥클랑(Floyd McClung)이 있다. 존 도우슨의 책「도시를 점령하라」그리고 맥클랑의 책「하나님의 눈으로 도시를 보는 것」(Seeing the City with the Eyes of God)은 각각 이러한 통찰력을 잘 반영해 주고 있다. 도우슨은 도시를 한 나라의 마음이요 정신으로 보고 있어 "한 나라는 도시들의 집합체"[1]라고 말한다. 맥클랑 역시 "도시들은 사회 활동의 중심지다. 유행, 사상 풍조들은 도시 생활이라는 뜨거운 큰 냄비에서 끓여지고 흘러내려 서민들에게 영향을 끼친다"[2]고 말한다.

도시 선교학자인 로저 그린웨이(Roger Greenway)는 위의 두 책에 대한 최근의 서평에서 복음주의자들이 주목해야 할 점이 있다고 말한다. 그는 "우리가 귀신을 심각하게 받아들이고 선교를 악의 세력에 대항한 영적 싸움으로 규정하는 성경적 세계관으로부터 점점 더 멀어져 왔다"[3]고 말한다.

전략적인 사고 방법

앞에서도 여러 번 언급했듯이 이 책의 궁극적인 초점은 세계복음화다. 영적 싸움으로서의 기도는 그 자체가 목적이 아니라 복음 전파와 사회 정의, 경제적 풍요에 있어서 다가올 하나님의 나라를 위한 길을 예비하는 수단이다.

우리가 세계를 바라볼 때 선교의 표적이 되는 단위로서 각 나라들에 우리의 관심이 쏠리는 것은 매우 당연하다. 이런 점에서 나는 제임스 몽고메리(James Montgomery)의 던 운동(DAWN Movement: 전 국민의 제자화 운동)을 지지하는데, 그 운동은 교회들을 배가함으로써 각 나라의 복음화를 위해 기독교 세력을 촉매제로 사용하도록 하는 훌륭한 전략을 가지고 있다. 더 나아가 선교의 표적이 되는 그룹은 '복음이 아직 전파되지 않은 족속들' 이다. 선교학자들은 각 나라 안에 꽤 많은 수의 다양한 그룹들이 실제로 복음을 접해 보지 못했다는 사실을 발견한다.

우리가 복음화 전략을 발전시킬 때 주목해야 할 또 다른 단위는 내가 언급한 것처럼 '도시' 다. 존 도우슨은 우리가 미국을 복음화하는 데 진지한 마음을 갖고 있다면 먼저 그 실체를 파악해야 할 것이라고 말한다: "그것은 복음이 한 나라 도시들의 영적, 정신적, 물질적인 생활을 변화시켜야 함을 의미한다." 그리고 나서 하나의 도

전적인 교어를 주창하는데, 이것을 나도 자주 사용하는 편이다.

"그리스도의 기치를 가장 더럽고 가장 어두운 장소에서 높이 듭시다. 냉담하고 암울한 도시의 영적 거장들이 됩시다."[4]

현재 도시를 복음화하기 위해 우리가 갖고 있는 전략 중 가장 세련된 전략은 에드 실보소의 '추수 복음화 운동' 이다. 제1장에서 나는 그가 아르헨티나의 레지스텐시아라는 도시에서 행한 실험에 대해 이야기했다. 효과적인 영적 싸움으로서의 기도를 통해 '레지스텐시아 계획' 실행 과정 중에 복음주의 신자들의 수가 배로 늘어났다. 내가 이 책을 쓸 때 라플라타는, 앞에서 이야기한 것처럼 3개년 복음주의 전진 계획에 역점을 두고 있었다. 나는 그곳에서도 비슷한 결과가 나오기를 기대하고 있다.

머지않아 아르헨티나의 수많은 다른 도시들도 복음화를 위한 기도, 영적 싸움, 교회 배가를 위한 노력에 집중하게 될 것이다. 도시 복음화 운동은 이제까지 과거 기독교 선교 사역에서 찾아볼 수 없었던 여러 나라들을 복음화시킬 수 있는 잠재력을 가지고 있다.

아내 도리스와 나는 에드 실보소와 함께 이러한 도시들에서 사역해 오고 있다. 우리가 직접 그리고 간접적으로 관여하고 있는 많은 다른 범도시적 기도 운동과 더불어 이러한 형태의 영적 싸움의 사역을 통해서 우리는 몇 가지 명확한 지침을 세울 수 있었다. 나는 이것들을 '도시를 복음화하기 위한 여섯 가지 규칙들' 이라 부르고 싶다. 이러한 규칙들이 여섯 개 이상 될 수도 있겠으나 최소한 그

이하라고는 생각하지 않는다. 이제 내가 꼭 하고 싶은 제언은, 만약 당신이 당신의 도시에서 계속적인 영적 영향을 끼치길 원한다면 이 여섯 가지의 규칙 중에 그 어느 것도 배제하지 말라는 것이다.

제1규칙: 지역

영적인 분별력을 가지고 사역할 수 있는 경계 지역을 설정하라.

초보자들의 일반적인 경향은 너무 큰 목표 지역을 설정한 나머지 영적 싸움의 기도가 충분히 효과적이지 못하다는 것에 있다. 물론 특별히 위급한 문제를 당해 큰 규모의 일을 하기 위해 하나님이 기도하도록 몇몇 사람만을 부르시는 경우가 없다고 말하는 것은 아니다.

예를 들어, 하나님은 베를린 장벽과 철의 장막을 제거해 달라는 딕 이스트만(Dick Eastman), 그웬 쇼, 베스 알베스(Beth Alves)와 그 외 많은 사람들의 기도에 응답해 주셨는데, 이러한 것들은 내가 들어 보지 못한 기도의 내용이었다. 하나님은 또 알바니아에 복음의 문을 열기 위해 헥터 파르도(Hector Pardo)와 크리스티 그레이엄(Christy Graham)을 사용하고 계심을 믿는다. 또한 하나님이 파나마에서 마누엘 노리에가(Manuel Noriega)를 축출시키는 데 캐시 쉘러(Cathy Schaller)를 사용하셨다고 믿는다. 나는 1984년 LA 올림픽 동안 범죄율을 경감시키는 데 하나님이 존 도우슨을 사용하셨다고 믿는다. 또 아르헨티나 정부가 15만 헥타르의 땅을 인디언 원주민에게 돌려주도록 하는 데 내 아내 도리스와 신디 제이콥스를 사용하셨다고 믿는다.

나는 이러한 사람들 중에 어느 한 사람의 기도가 이러한 사회적 변화에 하나하나 인과론적인 관계로 열매를 맺었다고는 생각하지 않는다. 그러나 내가 언급한 사람들은 모두 개인적인 친구들로서, 하나님이 능력 있는 기도에 사용하고 계시는 분들이다. 내가 알기로 각각은 여러 가지 상황에 따라 매우 구체적인 기도를 했고, 그들 또한 특별한 기도의 기간 후 영적인 영역에서 무언가 변화가 일어난 것을 느꼈다고 증언했다.

이러한 전략적 수준의 영적 싸움으로서의 기도가 효과적이기 위한 비결은 단순하다. 그러한 중보자들은 기도하기 전에 하나님의 뜻을 구하고 분별해서 하나님의 정해진 때(카이로스)를 알았으며, 그의 뜻을 좇아 기도하도록 하는 하나님의 부르심에 순종했던 것이다. 또 그들 각각은 많은 다른 중보자들도 하나님의 뜻을 좇아 똑같은 방식으로 기도하고 있다는 사실을 알고 있었다. 그들이 승리했다는 것을 알았을 때, 그들이 원수의 세력들을 단번에 모두 다 파했다고 생각한 것은 물론 아니었다. 그러나 그들은 최후의 승리에서 비록 작다 하더라도 한 부분을 차지했다는 것을 알고 있었다. 즉 그들이 궁극적인 승리를 얻은 것은 아닐지라도 그 승리의 첫발은 내디딘 것이다.

사역할 수 있는 단위

비록 소수의 중보자들이 그런 대규모의 기도에 수고하도록 부름을 받았지만, 하나님은 수없이 많은 중보자들이 세계의 도시들을 위한 영적 싸움으로서의 기도에 참여하도록 부르고 계신다. 몇몇 도시들은 사역하기에 충분히 작은 지역들이다. 내가 살고 있는 캘리포니아의 패서디나도 한 예가 되리라고 생각한다. 그래서 '그리스도를 위한 패서디나' 라는 기치 아래 이 운동이 진행되고 있다. 이 운동은 매우 의도적으로 패서디나라는 도시와 앨터디너(Altadena)라는 작은 도시만을 포함하고 있다. 아케이디아(Arcadia), 시에라마드레(Sierra Madre), 남부 패서디나, 산마리노(San Marino)처럼 이웃한 도시들은 각각 달리 기도 전략을 발전시킬 것이다. 물론 이것은 우리가 이제 여섯 가지 규칙들을 살펴봄에 따라 다시 떠오르게 될 영적 도해의 한 형태다.

나는 길 위의 교회(Church on the Way)의 잭 헤이포드와 할리우드 장로교회(Hollywood Presbyterian Church)의 로이드 오길비(Lloyd Ogilvie) 목사가 많은 목사와 기독교 지도자들을 모아서 이끌고 있는 '로스앤젤레스를 사랑으로' 라는 기도 운동에 참여하고 있는 사람 중에 하나다. 우리는 적을 때는 400명, 많을 때는 1,300명이 참여하는 기도 모임을 1년에 세 번씩 개최한다. 이러한 만남들은 여러 가지 중요한 이점들을 가지고 있다. 이러한 만남들은 교파나 인종, 지역이나 사회 경제적으로 교회 크기의 장벽을 뛰어넘어 수많은 목사들의 영적 사기와 믿음을 고양시켜 온 것이다. 최근에는 여러 교회들로부터 수천 명의 사람들이 범도시적 기도 모임으로 연합해서 로스앤젤레스의 부흥과 성장과 사회 문제를 위해 기도했다.

그러나 이러한 큰 모임에서 얻은 중요한 결과는 그러한 큰 모임이 로스앤젤레스 지역의 여러 곳에 작은 모임들을 형성할 수 있도록 고무시켜 주었다는 사실이다. 이러한 지역 모임의 이점은 기도의 노력이 각 지역의 구체적인 필요에 직접적으로 다가갈 수 있다는 것이다. 현재 나에게는 샌 페르난도(San Fernando) 유역에 다섯 개, 앤털로프(Antelope) 유역에 세 개, 로스앤젤레스(Los Angeles) 지역에 열한 개, 롱비치(Long Beach) 지역에 일곱 개, 오렌지(Orange) 지역에 다섯 개, 사우스베이(The South Bay) 지역에 일곱 개의 지역 기도 그룹 목록이 있다. 이들 모두가 그들의 도시를 복음화하기 위한 효과적인 영적 싸움의 기도들이 될 것이라고는 볼 수 없지만, 그것은 중요한 시작일 뿐 아니라 그들 중 일부는 반드시 승리할 것이다. 구체적인 도시를 목표로 할 때뿐만 아니라 그들 도시 안의 더 작은 단위들로 구분해서 행할 때 그 효과는 한층 배가될 것이다.

도시를 위한 그리스도

도시에서 더 작은 단위를 위한 효과적인 기도 사역으로 내가 알고 있는 가장 훌륭한 시도는 존 후프만(John Huffman)이 주창한 라틴 아메리카 선교회의 '도시를 위한 그리스도' 라는 프로그램이다. 이 사역을 위한 비전은 후프만이 멕시코 도시 위를 비행하고 있을 때 하나님으로부터 받은 것이다. 하나님은 그에게 도시를 잡고 멕시코의 산 뒤에 서 있는 인디언 신들의 모습을 보여 주셨다. 그는 하나님에게 "제가 무엇을 할까요? 이것에 대해 우리가 무엇을 하기를 원하십니까?" 하고 물었다. 하나님은 그에게 '도시를 위한 그리스도' 라는 기도의 프로그램을 주심으로써 응답하셨다.[5]

이 프로그램은 도시를 사역할 수 있는 작은 지역으로 세분함으로써 시작된다. 예를 들어, 콜롬비아(Colombia)의 메델린(Medellin)에서는 인구 3백만의 도시를 255개 지역으로 설정했다. 각각의 지역들은 무슨 빌딩과 무슨 색깔의 집이 있는지, 그곳에 사는 가족들의 이름은 무엇인지 지도에 상세하게 그려져 있다. 그리고 그러한 지도들은 도시 안이나 다른 도시들, 다른 나라들의 기도 그룹에 배부된다. 이들은 2주간의 지정된 기간 동안 그 지역을 위해 집중적이고 구체적인 영적 싸움으로서의 기도를 하도록 이미 헌신된 그룹들이다.

이 도시 안의 기도 그룹은 각각 할당된 지역을 위해서 기도한다. 그런데 만일 적어도 세 개의 기도 그룹이 어떤 특정한 집이나 장소에 대해 영적인 인상들을 보고하면 훈련받은 사역자들이 즉시로 가서 그 집이나 장소를 위해 특별한 기도를 하게 된다. 그리고 2주일이 지나면 지역의 팀 멤버들이 그 목표로 설정된 지역에 있는 모든 가구를 총괄해서 방문하게 된다. 시험적인 계획이 1989년 메델린에서 시작되었다. 1989년에 복음주의 교파가 9,000명에서 13,000명으로 44퍼센트가 늘어났고, 그 다음 해에는 18,500명으로 50퍼센트가 증가했다. 그리고 2년간의 짧은 기간 동안 총 교회 수는 103개에서 140개로 증가했다.

도시 밖의 기도 그룹들은 팩스나 컴퓨터 모뎀을 통해 서로 연락한다. 메델린에서 기도 프로그램에 참여하는 기도 그룹 중의 하나가 미국 침례교총협의회 교파다. 비록 그들은 주님으로부터 예언의 말씀을 듣는 그러한 전통을 가지고 있지는 않았지만, 어느 날 그 그룹은 그들이 기도하고 있는 지역 중 사람이 살고 있지 않은 어느 장소에 무엇인가 문제가 있다는 것을 기도하는 가운데 알 수 있었다. 그들은 그 일을 메델린에 팩스로 연락했고, 결국 사역 팀이 그 땅을 발견해서 그 지역을 다스리기 위해 무당이 묻어 두었던 다섯 개의 주물들을 찾아낼 수 있었다. 우상의 주물들은 파괴되었고 복음은 더 자유롭게 전해질 수 있었다.

좀 더 개인적인 이야기를 하자면, 풀비오(Fulvio)라는 젊은이가 복음을 완강히 거부하는 아홉 명의 식구들이 있는 어느 가정을 방문하게 되었다. 식구 중 한 명이 아파서 누워 있기에 풀비오가 기도해 주겠다고 하자 그들은 허락했다. 그 환자는 별로 기대하지 않는 듯 했지만 풀비오는 기도해 주었다. 그러자 그 환자는 치료되었고 주님에게 돌아오게 되었다. 물론, 지금은 그 가정의 모든 사람들이 성경 공부를 위해 정기적으로 만나고 있다.[6]

일단 하나님이 기도하기를 원하시는 사역지를 알게 되면, 이제는 지도자들을 함께 모아야 할 때다.

제2규칙들: 지도자들

그 지역의 목사들과 다른 기독교 지도자들의 연합을 공고히 하고 정기적으로 함께 기도하기 시작하라.

효과적인 영적 싸움의 기초로서 그 도시의 목사들의 연합만큼 중요한 것은 없다. 그 이유는, 목사들은 그 도시의 영적인 문지기들이기 때문이다. 이것은 수많은 재능 있는 평신도 지도자들이나 목사가 아닌 전문 기독교 사역자들을 얕보는 것이 아니다. 다만 그 도시에서 가장 높은 영적 권세가 목사들에게 위임되어 있다는 것을 지적하기 위한 것일 뿐이다. 우리가 이 사실을 모른다면 사탄은 목사들이 서로 모이지 못하도록, 특별히 기도하기 위해 모이지 못하도록 그의 모든 역량을 다해 역사할 것이다.

우리가 도시를 장악하고 있는 악령을 공격하기 위해 어디서부터 시작해야 하는가를 물었을 때 딕 버널은 도시의 교회들과 함께 시작해야 한다고 말한다: "당신의 도시의 목사들이 당신의 도시에서 악령의 세력을 제거하기 위한 노력으로 서로 연합할 수 있도록 기도하라."[7]

목사들이 도시에서의 영적 승리를 위해 요구되는 연합이 교리적 연합, 법적인 연합, 정치적 연합, 목회 철학의 연합이 아니라 영적인 연합이라는 것을 이해하는 것은 중요하다. 영적인 연합은 진짜 대적이 누구인가에 대한 상호간의 인식에 기반을 두고 있다. 너무나 많은 목사들이 서로가 상대방의 적이라는 인식을 해 왔다. 그러나 기쁘게도 이러한 인식은 우리나라 전역에서 극적으로 빠르게 무너져 가고 있다. 우리나라는 그런 분열이 계속되기에는 너무나 큰 영적인, 사회적인 위기 가운데 있다. 프랜시스 프랜지팬은 "오늘날 하나님은 서로 싸우는 것을 중지하고 상대방을 위해 함께 원수에 대항해서 싸우는 가족이 되도록 우리를 부르고 계십니다"[8]라고 말한다. 나 또한 이 말에 전적으로 동의한다.

> 목사들이 도시에서의 영적 승리를 위해 요구되는 연합이 교리적 연합, 법적인 연합, 정치적 연합, 목회 철학의 연합이 아니라 영적인 연합이라는 것을 이해하는 것은 중요하다.

비록 그 지역의 모든 목사가 한 사람도 빠짐없이 영적인 연합을 이루어야 기도하는 것이 이상적인 것으로 생각될지 모르지만, 이것은 많은 경우에 비현실적이다. 모든 목사가 다 연합하기만을 기다린다면 우리는 결코 전쟁터에 나가지 못할 것이다. 어떤 목사들은 까다롭고, 무관심하고, 열의가 없거나, 어떤 교리적 문제에 집착하거나, 심지어 어둠의 세력에 가로막혀 있으리라는 것은 거의 틀림없는 사실이다. 그럼에도 불구하고 상당한 수의 영향력 있는 목사들이 한 달에 두 시간 정도 기도하기 위해 모이는 것을 기대하는 것은 실현 가능한 일이다.

그러한 일이 일어나기까지는 더 이상 앞으로 나가지 않는 것이 지혜롭다. 요엘은 "장로들과 이 땅의 모든 주민들을 너희 하나님 여호와의 성전으로 모으고 여호와께 부르짖을지어다"(욜 1:14)라고 말한다.

제3규칙: 그리스도의 몸

이러한 노력은 단순히 오순절주의자나 은사주의자들의 활동이 아니라 그리스도의 모든 지체들의 활동이라는 분명한 이미지를 투영하라.

　모든 수준의 영적 싸움을 저지하기 위한 사탄의 일반적인 간계 중 하나는 그리스도인으로 하여금 서로 "오, 저것은 은사주의자들이 해야 하는 일이야"라는 식으로 말하게 하는 것이다. 이 말에 담긴 무언의 암시는 '좀 더 고상한 유형'의 그리스도인들은 그런 '창피한' 활동에 연루되는 것을 바라지 않도록 하겠다는 것이다.

　멀트노마(Multnomah) 성경학교의 졸업생이며 비은사주의 성경 교회의 멤버인 에드 실보소는 뛰어난 복음주의적 입장을 견지하고 있는데, 그는 "사탄의 최고 전략은 영적 싸움을 분열시키는 것이며, 영적 싸움은 그리스도인에게 가장 중요한 문제며 또 그렇게 되어야 한다"[9]고 말한다. 실보소는 격려가 필요한 복음주의자들에게 초점을 맞추어 나라 전역에서 영적 싸움에 관한 세미나를 하고 있다.

　예측할 수 있듯이 전략적 수준의 영적 싸움을 포함하는 범도시적 기도 운동이 전개될 때 가장 먼저 두각을 나타내는 그룹은 주로 은사주의자들과 오순절주의자들이다. 그러나 이 운동을 전개할 때 그들에게 주의를 주지 않는다면 그들은 쉽사리 조직을 정비해 많은 복음주의 지도자들에게 바람직하지 않은 메시지를 보내는 형태를 취하면서 자기들의 활동 프로그램을 발전시킬 것이다: "우리는 우리 방식대로 그 일을 하겠습니다. 그러나 당신들이 그 일의 일부분이 되길 원한다면 이 운동에 참여하실 수 있습니다." 만일 이러한 일이 발생한다면 범도시적 기도 운동을 약화시킬 것임에 틀림

없다.

미국에서 내가 알고 있는 최고의 대중 능력 집회는 아마도 1990년 샌프란시스코의 할로윈(Walloween)에서 있었던 래리 리의 유명한 기도 집회였을 것이다. 그것은 1979년 빌리 그레이엄의 로스앤젤레스 대집회 이래 개신교 종교 집회로는 기록할 만한 언론의 주목을 받았다. 딕 버널의 책 「저주들: 그것들은 무엇이며, 어떻게 파하는가」(Curses: What They Are and How to Break Them)에서 그는 그 집회 전에 래리 리를 공개적으로 저주했던 '새 지구 신전'(New Earth Temple)의 마술 숭배 대제사장이었던 에릭 프라이어(Eric Pryor)의 극적인 회심에 대해 이야기한다.[10] 이것은 그 자체로 집회 기간에 역사하신 하나님의 능력에 대한 분명한 증거다.

그러나 나는 연합통신의 다음과 같은 보도를 읽고 매우 실망했다: "그 사건은 사탄의 제후들과 '지역 귀신'들이 특별한 도시들, 산업들 그리고 하부 문화들을 다스리는 것으로 보는 오순절(은사주의) 운동일 뿐이다."[11] 나는 이것이 단지 기자뿐 아니라 많은 기독교 지도자들의 견해라는 것을 알고 실망하지 않을 수 없었다. 복음주의자로서 내가 우리 오순절 형제자매들에게 간청하는 바는 바로 인내심이다. 우리나라 전역에 늘어나고 있는 많은 수의 복음주의자들은 그들의 도시를 위한 기도 운동에 뛰어들어 참여할 준비가 되어 있으나, 특별히 전략적 수준의 영적 싸움 같은 새로운 분야가 관련된 경우에는 대개 시간이 좀 더 걸리는 것 같다. 복음주의자들은 베뢰아 사람들이 "이것이 그러한가 하여 날마다 성경을 상고"(행 17:11)한 것처럼 신학적 질문들을 묻고 실천하도록 훈련되어 있다. 그리고 이 책을 쓰는 내 목적 중에 하나도 도시들을 위한 기도가 성경적이고 신학적인 기반을 가지고 있다는 것을 주장하기 위한 것이다. 그러나 나는 어떤 복음주의자들이, 그들이 오랫동안 의심해 오던 것(피터 와그너는 자기가 아니라고 말하지만 사실은 은사주의자다)이 증명되는 듯한 논평이 나올까 싶어 두렵기도 하다.

기쁜 것은, 요즘은 상황이 나빠지는 것이 아니라 더 나아지고 있다는 것이다. 많은 지도자들이 성령에 의해 강하게 감동을 받아 그들 자신을 주로 은사주의자들, 오순절주의자들, 복음주의자들, 자유주의자들로 보는 것이 아니라 그리스도의 몸의 지체로서 바라보기 시작했기 때문이다. 이것은 그 자체로 원수의 세력을 더욱 빨리 약화시킬 것이고 하나님 나라의 도래를 앞당길 것이다.

제4규칙: 영적 준비

참여하는 지도자들이나 다른 그리스도인들에게 회개와 겸손과 거룩함을 통해 영적인 준비를 하게 하라.

이 규칙을 무시하거나 가볍게 여기면 당신은 상처 입고 낙심하고 불행한 전사로서 끝을 맺게 될 것이다. 제6장 '영적 전사를 무장시켜라'에서 도시를 위한 기도 운동에 참여하는 개인들의 영적 상태에 대해 깊이 다루었으므로 이것을 더 자세히 설명하지는 않겠다.

에드 실보소가 아르헨티나에서 '라플라타 계획'을 수행하기 시작했을 때 그는 도시 교회 멤버들의 영적 수준이 그다지 높지 않다는 것을 발견했다. 실상 많은 교인들이 어느 정도 귀신에게 사로잡혀 있었고 육체의 유혹에 종노릇하고 있었다. 그들은 하나님을 섬기기 원했으나 도움이 필요하다는 것을 알고 있었다.

이러한 이유 때문에 실보소는 어떤 내적 치유가 이루어지고 나서야 대중적인 영적 싸움으로서의 기도 운동을 전개했다. 신디 제이콥스는 먼저 목사와 사모들을 위해, 그리고 나서 평신도들을 위해 내적 치유 세미나를 하도록 초청받았다. 신디와 동행했던 내 아내 도리스는 그곳에서 돌아와 그녀의 사역 중 그렇게 하나님의 능력이 쏟아진 적이 없었다고 말했다. 세미나를 하는 동안 수백 명의 사람들이 큰 소리로 울며 회개했다. 많은 사람들이 죄를 자백했다. 원수지간이었던 사람들이 화해하여 친구가 되었다. 소아마비로 고생하던 한 불구의 여인은 자신의 어머니를 용서하자 성령의 능력으로 즉시 치료되었다. 또 오토바이 사고로 광대뼈를 잃어버린 사람은 사람들이 보는 앞에서 광대뼈가 점점 생겨나기까지 했다.

그 결과로 지금은 신자들의 신앙이 자라서 서로를 위해 기도하고, 몇몇이 마법에 빠져 있었으나 남아 있던 저주마저 다 파해지고 귀신을 쫓아내며, 하나님이 도시에서의 영적 승리를 위해 사용하기 원하시는 그릇으로 깨끗이 청소되었다. 그리스도의 몸은 이전보다 훨씬 더 거룩해졌다.

전략적 수준에서의 영적 싸움을 위해 그들이 충분히 거룩한가, 또는 언제 그렇게 될 것인가 하는 것은 그렇게 쉬운 질문이 아니다. 이러한 성숙을 나타내는 표시 중에 하나가 신자들이 단지 그리스도를 따를 뿐만 아니라 진심으로 복종하기 시작한다는 것이다. 거룩함에 대한 하나님의 요구가 양과 염소를 분리시킨다. 존 윔버는 "1990년대에는 그리스도를 그들의 돕는 자(Helper)로서 보는 그리스도인과 그들의 주인(Master)으로서 보는 그리스도인들 사이에 계속적인 긴장이 있을 것이다. 교회들이 이러한 문제로 분열되지 않을까 생각한다"[12]고 말한다. 나 또한 이 말에 전적으로 동감한다.

제5규칙: 연구 조사

도시를 형성하고 있는 악령의 세력들을 드러내기 위해 도시의 역사적인 배경을 조사하라.

앞 장의 영적 도해에 관한 논의에서 도시를 연구 조사하는 것이 얼마나 유익한지를 언급했다. 그것을 반복하지는 않겠지만 오래된 도시와 근래에 지어진 새 도시를 통해 두 가지 실례를 든다.

영국의 맨체스터(Manchester)

나는 영적인 분별력으로 도시를 연구하기 시작한 맨체스터의 리처드 록우드(Richard C. Lockwood)와 서신을 주고받고 있다. 그곳에 있는 영적인 그리스도인들은 맨체스터 지역에서 영적인 중압감을 느끼고, 이 중압감은 성당이 건축되기 이전 로마의 유적지에 집중되어 있는 것 같다고 의견을 같이한다. 맨체스터라는 이름이 라틴어에서 나온 것이라는 켈트족 시대로 거슬러 올라가 보면 '높은 장소'와 그 의미가 관련되어 있음을 알 수 있다. 그 도시의 특성에 대한 중요한 실마리를 제공할 만한 정보를 알기에는 시간이 좀 걸릴 것이다.

록우드는 오늘날 그 도시에 영향을 끼치는 지역 귀신들(반역, 동성애, 무관심, 무기력함)을 분별하는 데는 특별한 영 분별이 필요하지 않다고 말한다: "그러나 효과적인 기도가 역사하려면 이러한 것들 뒤에 감추어져 있는 가장 중요한 악령의 실체가 폭로되어야 한다." [13]

브라질의 브라질리아(Brasilia)

내가 앞 장에서 소개한 셀 셰베리의 이야기로 돌아가 보자. 그의 국제적인 기도 사역 팀은 최근 브라질의 수도인 브라질리아에 가게 되었다. 그 도시는 1960년 주셀리노 쿠비체크(Juscelino Kubitschek) 대통령에 의해 설계되고 건축되었다. 셰베리는 쿠비체크가 영혼 재생을 신봉해서 자기 자신이 3,300년 전에 살았던 파라오 아크나톤(Pharaoh Akhnaton)의 화신이라고 생각하는 심령가로서, 자기 나라를 위해 새 수도를 건설했다고 말한다. 많은 건물들이 이집트의 피라미드나 신전들의 모양처럼 지어졌다. 권력의 중심부를 형성하는 빌딩들은 육선형의 삼각형 구조 안에 위치하고 있고, 이집트 타로(Tarot)와 히브리 카발라(Kabbala)의 숫자 점(numerology)이 곳곳에 나타나 있다. 도시의 모양은 이집트의 영조 이비스(Ibis)의 모양이다(혹 어떤 관광 안내원들은 그것을 비행기의 모양으로 이야기하기도 하지만).[14] 도시 설계 때부터 나타난 악령의 세력들을 드러내는 이런 종류의 정보는 범도시 기도 운동에 참여하는 중보자들에게 매우 유용하다.

제6규칙: 중보 기도자들

(1) 도시가 갖고 있는 구속의 은사, (2) 도시에 있는 사탄의 강력한 진, (3) 도시에 배치된 지역의 악령들, (4) 처리되어야 할 과거와 현재의 공동의 죄, (5) 하나님의 공격 계획과 시기 등에 대한 하나님의 계시를 구하며, 특별히 전략적 수준의 영적 싸움에 은사가 있고 부르심을 입은 중보 기도자들과 동역하라.

도시를 위한 훌륭한 영적 싸움의 기도 전략에 있어 중요한 몇몇 활동가는 아마도 중보 기도자들이 될 것이다. 사역이 잘되어 가기 위해서는 은사 받은 중보 기도자들을 구별해서 격려하고, 상호 보완해서 활동하게 할 필요가 있다.

모든 그리스도인은 일반적으로 기도의 사명을 가지고 있고, 특별한 경우에는 중보기도의 사명이 있다. 그러나 하나님은 몇몇 그리스도인들을 선택하셔서 그들에게 특별한 중보기도의 은사를 주신다. 이 말이 이상하게 들린다면, 모든 그리스도인은 마땅히 증인이 되어야 하지만 단지 소수만이 복음 전도자로서의 영적 은사를 받는 경우에 비교해 보면 될 것이다. 온몸이 다 눈이 될 수 없으며, 단지 몇몇 지체들이 눈의 역할을 할 수밖에 없을 것이다.

내가 집필한 「성령의 은사와 교회 성장」(Your Spiritual Gifts Can Help Your Church Grow)에서도 중보기도의 은사에 대해 이야기했었다. 나는 그것을 스물일곱 가지 은사들 중의 하나로 열거했다. 그러나 중보기도의 은사가 성경에는 직접적으로 언급되지 않는다는 것 또한 솔직히 인정하는 바다. 몇몇 사람들이 내 의견에 동조하지 않는다

하더라도, 수년 동안 관찰한 바에 의하면 그것이 은사로서 존재한다는 것을 충분히 확신한다. 나는 중보기도의 은사를 이렇게 정의한다.

> 중보기도의 은사는 하나님이 그리스도의 몸 된 어떤 지체들에게 주시는 특별한 능력으로, 규칙적으로 장기간 기도하게 함으로써 일반적인 그리스도인들에게서 기대되는 것보다 훨씬 더 강력하게 자주 그리고 구체적으로 응답되는 것이다.[15]

내가 이 시리즈의 다른 책에서 상세하게 다루게 될 중보 사역자들에 대한 광범위한 조사에서, 중보기도의 은사를 받은 사역자들은 하루에 대개 2~5시간 정도 기도하고 있는 것으로 나타난다. 그들 대부분의 시간은 하나님의 음성을 듣는 데 사용된다. 중보 사역자들은 그들만이 통하는 언어 같은 것으로 서로에게 자주, 이렇게 이야기한다: "그녀는 놀랍습니다. 정말로 하나님의 음성을 듣습니다." 그래서 중보 사역자들은 자신들이 말하는 것보다 하나님의 음성을 듣는 것으로 스스로를 평가하는 경향이 있다.

신디 제이콥스는 중보 사역자들을 하나님의 뜻을 이 땅에 실현시키기 위해 행동하는 사람들로 특징짓는다. 하나님은 그의 뜻이 우리의 간구와 권세를 통해 이루어지도록 하셨다. 그녀는 "우리가 이 땅에서 사탄의 역사를 무찌를 권세와 우리 왕의 이름으로 기도하는 것을 통해, 우리는 그분의 뜻이 하늘에서 이룬 것처럼 땅에서도 이루어지게 한다"고 말한다.[16] 중보 사역자들은 거의 모든 교회에 있고, 많은 수의 교회가 존재하는 모든 도시마다 있다. 소수의 목사들이 또한 중보 사역자이기도 하다. 그러므로 목사들과 중보 사역자들은 도시를 위해 효과적으로 기도할 필요가 있다. 목사들은 대개 권세자의 역할로 기능을 담당하고, 중보 사역자들은 대개 예언자적인 역할을 담당한다. 중보 사역자들은 하나님의 음성을 듣고 이것을 다른 사람들에게 이야기할 수 있다. 그들은 서로를 화합시키고 격려하며 책임지게 하기 위해 그룹으로 형성되어야 한다.

그들을 통해서, 또한 목사들과 다른 평신도들을 통해서 도시를 위한 기도 운동에 참여하는 사람들은 다음과 같은 하나님의 계시를 구해야 한다.

1) 도시가 갖고 있는 구속의 은사

존 도우슨은 하나님이 각각의 도시를 개인적인 구원의 장소가 되도록 의도하셨다고 믿는다. 그는 "나는 우리 도시들이 하나님의 주권적인 목적의 표적을 가지고 있다고 믿는다. 우리 도시들은 소위 '구속의 은사'를 포함하고 있다"[17]고 말한다. 그는 비록 두 가지가 다 필요하지만 도시에 있는 정사와 권세의 악령들의 실체를 파악하는 것보다 그 도시의 구속의 은사를 결정하는 것이 훨씬 더 중요하다고 주장한다.

하나의 예로서 네브래스카(Nebraska)의 오마하(Omaha)를 들 수 있다. 역사적으로 오마하는 개척자들을 서쪽으로 이송하는 마차 수송대의 보급소였다. 기독교 지도자들은 오늘날 오마하를 새로운 종류의 개척자들(복음이 전달되지 않은 곳에 복음을 들고 가는 사람들)을 준비시키는 중심지로 보고 있다. 나는 "이제 그것은 삶을 투자할 만한 가치가 있는 비전이다"[18]라는 존 도우슨의 말에 동의한다.

2) 도시에 있는 사탄의 강력한 진

역사적인 조사와 영적 도해는 중보 사역자들의 활동에 도움이 된다. 전략적 수준의 영적 싸움에 부름을 받은 대부분의 중보 사역자들은 영 분별의 은사를 갖고 있다. 플로이드 맥클랑은 "영 분별의 은사를 활용하는 것은 중대한 일이다. 우리는 우리가 마귀의 세력과 싸우고 있는지, 아니면 단지 죄와 문화 속에서의 그 결과들을 다루고 있는지를 알아야 한다. 그 둘이 언제나 같은 것은 아니다"[19] 라고 말한다.

맥클랑은 노르웨이로 사역하러 갔을 때 그곳의 많은 그리스도인들이 심각한 두려움과 씨름하고 있는 것을 보고 놀랐다고 이야기한다. 그는 이것이 전 국가적으로 퍼져 있는 문제라는 것을 발견했다. 그러고 나서 그는 돌아가, 기독교가 처음 어떻게 노르웨이에 들어오게 되었는가를 알아보았다. 한 왕이 나라를 침략해 들어가 모든 시민들로 하여금 그리스도인이 되도록 강요하며 그러지 않으면 처형하겠다고 했다. 기독교는 국가적인 대학살과 함께 시작된 것이다. 맥클랑은 "사탄은 이런 종류의 국가적인 약점을 이용해서 그것을 영적인 강력의 진을 건설하는 데 사용하도록 추구한다"[20] 고 말한다. 중보 사역자들은 이런 종류의 정보를 통해 기도하고, 그것이 어떠한 구체적인 방법으로 다루어져야 하는지에 대한 하나님의 계시를 구한다.

3) 도시에 배치된 지역의 악령들

중보 사역자들은 가능한 한 전체적으로 도시에 배치된 정사의 악령들의 이름과 그 도시의 다양한 지역이나 사회, 문화의 부분 속에 역사하는 악령들의 이름을 기능적인 이름이건 고유한 이름이건 간에 알도록 노력해야 한다. 이미 앞 장에서 이 부분에 대해 설명했기 때문에 또다시 부연 설명할 필요는 없으리라 본다.

4) 처리되어야 할 과거와 현재의 공동의 죄

그리스도인이 되지 않겠다는 사람들을 처형한 노르웨이 왕의 이야기는 처리되어야 할 과거 연대적 죄의 한 예다. 이것에 대한 많은 정보가 제7장 '민족의 죄를 회개하라'에 포함되어 있다. 거기서 나는 일본에 대해 이야기했다. 일본 기독교 지도자들이 국가적인 회개를 하고 있다는 사실을 아는 것은 고무적인 일이다. 1990년 일본에 있는 그리스도의 교회는 일본의 죄를 고백하고 한국 국민들에게 사죄한다고 공포했다. 그리고 나서 일본 복음주의 기독교의 존경받는 수장인 코지 혼자(Kkoji Honda) 목사는 1990년 한국의 서울에서 열린 아시아 선교 대회에서 구체적인 사과의 뜻을 표명했다. 다른 무엇보다도 그는 이렇게 말했다: "친애하는 아시아의 형제자매 여러분, 일본 국민이 당신의 나라에 저지른 죄들을 용서해 주십시오. 나는 특별히 한국을 생각하며 다시 한 번 우리의 혐오스럽고 용서받을 수 없는 죄들을 구속자이신 우리 주님의 이름으로 용서해 주시기를 간구합니다."[21]

미국의 사회학자들은 미국에서 가장 억압을 당하는 사회 계층의 두 부류가 흑인과 아메리칸 인디언들이라고 말한다. 〈타임〉 지는 흑인들의 평균 예상 수명이 놀랄 정도로 낮아지고 있다고 분석한 기사에 왜 흑인 공동체가 그렇게 침체되어 있는가 하는 가설에 대한 표준 목록을 열거하고 있다. 그러고 나서 그 기사는, 전문가들이 "무언가 다른 이유들이 있음에 틀림없다"[22]고 확신한다고 말한다. 기사는 '무언가 다른 이유들'에 대한 몇 가지를 추측했지만 나는 기본적인 문제가 영적인 것에 있다고 본다. 그것은 앵글로-미국인들이 흑인들을 과거로부터 현재까지 취급해 온 수치스러운 방법으로 거슬러 올라간다. 이러한 죄악 된 행동은 고위급 정사와 권세의 악령들이 영적인 강력의 진을 마련할 수 있는 통로를 제공해 주었고, 그 강력의 진은 공동의 겸손과 회개를 통하지 않고는 해체되지 않을 것이다. 나는 이 일을 시작한 몇몇 사람들을 알고 있으나 더욱더 많은 작업이 필요하리라고 본다.

이것이 어떻게 이루어질 수 있는가? 존 도우슨은 남아프리카에서의 그의 사역에 관해 이야기한다. 그는 "아파르트헤이트(Apartheid, 남아프리카의 인종차별-옮긴이)는 단지 정치적 현상이 아니라 악령의 세력이다. 그것은 우상 숭배에 그 뿌리를 박고 있는 아프리카 식민지 역사와 깊은 관련을 갖고 있는 악령이다"라고 확신한다. 그래서 그는 불의한 판단의 죄에 대해 설교하고, 거대하고도 다양한 종족 그룹으로 하여금 인종 차별과 편견에 대해 회개하게 한 후 청중 가운데 피부색이 다른 사람의 발을 서로 씻어 주도록 했다: "화해의 영이 퍼져 가자 수많은 아프리카인, 줄루인(Zulus), 인디언, 영국인, 흑인들이 서로의 팔을 부둥켜안고 울기 시작했다."[23]

5) 하나님의 공격 계획과 시기

가장 흔하게 발생하는 큰 위험은 영적 싸움에 육적으로 뛰어드는 것이다. 먼저 하나님이 우리가 무엇을, 어떻게, 언제 하기를 원하시는가 하는 그 뜻을 아는 것이 중요하다. 이것은 진지한 기도를 통해서만 가능하다. 중보 사역의 예언자적인 차원이 매우 중요한 이유가 여기에 있다. 하나님의 공격 계획과 시기를 놓쳤을 때 발생할 수 있는 몇 가지 결과들을 다음 장에서 설명하기로 하겠다.

요약하자면, 이러한 여섯 가지 규칙들을 따르지 않고 전략적 수준의 영적 싸움을 시도하지 말라. 그리고 정보를 수집하라. 또한 많은 사람들이 이야기하는 것에 귀를 기울이라. 나는 당신이 훌륭한 규칙의 목록을 담고 있는 다른 두 가지 책을 구입해서 공부하기를 제안한다. 그것은 신디 제이콥스의 책 「대적의 문을 취하라」와 존 도우슨의 책 「도시를 점령하라」다. 우리의 힘이 되시는 하나님의 능력 안에서 지혜롭고 강해지자.

〈토의할 문제〉

1. 현재 범도시적 기도 운동이 진행되고 있는 중요한 도시를 말할 수 있는가? 당신의 도시에서도 그 운동이 실행 가능하다고 생각하는가?

2. 목사들이 도시의 '영적인 문지기들'이라는 것이 과연 무엇을 의미하는지 토론해 보라.
3. 중보기도의 은사와 모든 그리스도인들이 기도하는 사람들이 되어야 한다는 사실은 어떻게 다른가?
4. 당신이 살고 있는 도시나 마을의 '구속의 은사'나 '구속의 목적'이 무엇이라고 생각하는가?
5. 당신의 도시의 영적인 역사를 조사하는 첫 단계로 어떤 것들을 들 수 있겠는가?

제10장

함정을 피하라

Avoiding the Pitfalls

C. PETER WAGNER

전략적 수준의 영적 싸움은 모든 사람을 위한 것이 아니다. 걸프전 당시, 전투 조종사들이 아주 조금이라도 두려움의 증상을 보이면 즉시로 전투에서 빼내어 집으로 돌려보냈다고 한다. 마찬가지로 정사와 권세의 악령들에 대항해 싸우는 것은 겁먹은 자나 마음이 유약한 자들을 위한 것이 아니다. 그것은 전쟁이고 부상을 입을 수도 있다. 전략적 수준의 영적 싸움에서 부상을 입지 않은 사람이 거의 없다.

전쟁의 부상자들

도리스와 나는 1990년 아르헨티나에서 영적 싸움의 최전방에 나서기 시작했다. 몇 달이 못 되어 우리는 40년의 결혼생활 가운데 가장 심각한 부부싸움을 했고, 우리의 가장 친한 중보 사역자 중 한 명과 문제가 생겼으며, 도리스는 악화된 디스크와 등과 무릎 수술로 거의 5개월간 꼼짝할 수가 없었다. 우리와 우리를 위해 기도해 주던 사람들은 이것이 우리가 그들의 영토를 침입함으로 화가 난 악령들의 역습이라는 사실을 전혀 의심하지 않았다.

미국에서 가장 경험 있는 영적 용사 중의 하나는 나의 좋은 친구 래리 리다. 앞에서 언급했듯이, 1990년 그의 샌프란시스코 할로윈의 집회는 대중적 승리를 거두었다. 그럼에도 불구하고 악령들은 래리 리의 이름을 또한 부상자 목록에 집어넣으려 했다. 그 집회 후 4개월간은 그의 삶에 있어서 최악의 기간이었다. 그는 탈장 수술을 해야 했고, 가장 친한 중보 사역자 중 한 사람과 심각한 문제로 대면하게 되었다. 그의 사역의 재정은 놀랄 정도로 바닥이 드러나기 시작했으며, 그의 아버지는 암으로 돌아가셨다. 그리고 입에 담지도 못할 기괴한 많은 일들이 일어났다. 그는 그의 사역을 계속해야 할 것인지 의아하게 여기기조차 했다.

비록 래리 리와 내가 경험했던 재난 같은 것들을 완전히 피할 수 있다고 믿지는 않지만, 우리가 전략적 수준의 영적 싸움에 대해 더 배워 나감에 따라 그것들을 극소화할 수는 있다고 믿게 되었다. 미국은 걸프전에서 상대적으로 매우 적은 부상자들이 나온 것에 대해 사실 놀랐다. 마찬가지로 우리 또한 영적 싸움을 어떻게 해야 하는가를 배워 부상자의 빈도와 그 정도가 현격히 줄어들기를 희망한다.

실수를 통한 교훈

실수나 실패를 하는 것은 잘못된 것이 아니다. 나의 장기적인 비전을 간직해서 실패했을지라도 다시 정비하고, 그 실수들을 통해 배우고, 다시 한 번 전진해서 똑같은 실수를 저지르는 것만 피한다면 나는 실패하는 것을 별로 개의치 않는다.

나는 도리스와 함께 처음으로 파블로 보타리를 만났던 때를 잊지 못한다. 그에 대해서는 아르헨티나 카를로스 아나콘디아의 범도시적 부흥회에서 귀신 쫓는 사역의 지도자로 제1장에서 언급한 바 있다. 그는 그가 다스리고 있는 '귀신 쫓는 특별 사역 장소'로 우리를 안내했다. 우리는 그에게, 어떻게 해서 이런 특이한 종류의 사역하는 법을 배웠는가를 물어보았다. 그는 "알고 싶습니까? 우리는 우리가 할 수 있는 모든 실수를 통해 배웠습니다"라고 말했다. 그리고 나서, 다른 무엇보다도 '열쇠 귀신'이라는 이야기를 우리에게 들려주었다.

열쇠 귀신

카를로스 아나콘디아의 개혁 집회 프로그램에 참여하고 있던 한 사람이 사람들 속에 서 있었다. 이 개혁 집회의 흥미 있는 특징 중 하나는 빈 공터에 의자를 사용하지 않고 서서 집회를 이끌어 가는 것이다(그러나 병자들과 노인들은 의자를 사용한다). 보통 밤에는 2만 명의 사람들이 주로 풀이나 잡초로 우거진 더러운 땅 위에 8시부터 11시까지 서 있게 된다. 조명은 그다지 밝지 않으나 그래도 적당한 밝기를 유지하며 밝혀 주고 있다.

이날 밤 아나콘디아는 늘 그랬던 것처럼 악령들을 꾸짖기 시작했다. 악령들은 정체를 드러냈고 귀신 들린 사람들은 땅 위에 쓰러졌다. 곧 '운반자들'이라 불리는 특별히 훈련된 사역 팀이 그들을 들어내어 반은 나르고 반은 끌어당겨 '귀신 쫓는 텐트' 안으로 데리고 갔다. 앞에서 이야기한 이 사람은 이런 것들을 보며 서 있었는데, 그때 그의 열쇠가 손에서 빠져나와 풀과 잡초가 우거진 땅 위로 떨어졌다.

조명이 흐릿했기 때문에 그 불쌍한 사람은 몸을 구부려 열쇠를 찾기 위해 더듬기 시작했다. '운반자들' 팀은 그를 지목하고 그를 귀신 들린 자라고 생각했다. 그 사람에게 무슨 일이 일어나고 있는지 알려 줄 틈도 주지 않고 그들은 그의 팔을 붙잡고 그 텐트 안으로 데리고 가기 시작했다.

"내 열쇠! 내 열쇠!" 하고 그가 소리쳤으나 아무 소용이 없었다. 그가 '귀신 쫓는 텐트' 안으로 들어갔을 때, 그 팀은 그가 '열쇠 귀신'에 의해 공격을 받고 있다고 이야기했다. 파블로 보타리는 그 사람이 그 후 열쇠를 다시 찾았는지에 관해서는 우리에게 이야기해 주지 않았다.

피해야 할 함정들

파블로 보타리와 우리는 많은 실수들을 저질러 왔다. 우리가 앞으로 또 실수할 수도 있다는 사실은 의심할 바 없으나 시간이 지남에 따라 점점 줄어들 것임을 희망한다. 다음은 전략적 수준의 영적 싸움에서 우리가 알아서 최대한 피해야 할 일반적인 함정들의 목록에 대해 살펴보겠다.

1. 무지

무지는 내가 열거하는 함정 목록의 첫 번째 것인데, 그것은 의심할 바 없이 사탄의 가장 효과적인 무기이기 때문이다. 무지는 여러 방법으로 적용된다.

많은 그리스도인들이 일반적으로 영적 싸움에 대해 무지하고, 영적 싸움에 대해 알고 있는 그리스도인들조차도 많은 이들이 지역 귀신들을 다루는 전략적 수준의 다양성에 대해 무지하다. 전쟁에 대해 무지한 사람들은 사탄과 어둠의 세력들에게 전혀 위협이 되지 못한다.

전략적 수준의 영적 싸움에 대해 알고 있고, 그래서 정사와 권세의 악령들의 존재를 부인하지도 않는 몇몇 사람들은 영적 전쟁이 오늘날 교회가 수행해야 할 싸움이 아니라고 결정했는데, 그것은 그들이 영적 싸움에 대해 충분히 그리고 깊이 있게 연구해 보려는 수고를 결코 해 본 적이 없기 때문이다. 그들은 전략적 수준의 영적 싸움이 충분한 신학적, 성경적, 경험적 근거를 가지고 있지 않다고 생각한다. 결국 그들은 이것을 영적인 군대에 편성하지 않기로 결정했다.

또 다른 사람들은 도시나 나라에 역사하는 악령들의 강력의 진에 치명타를 입히고자 하는 소원을 가지고는 있으나 건전한 방법론에 대해서는 무지하다. 다행히도 이 분야의 자원들과 가르침들이 빠른 속도로 증가하고 있어 이런 종류의 무지는 곧 과거지사가 될 것이다.

가장 위험한 것 중의 하나는 전략적 수준의 영적 싸움에 뛰어든 다는 것을 알지 못한 채 그 싸움에 연루되는 것이다. 그 교파의 이름을 말하지는 않겠으나 포르노그래피(pronography, 음란물)를 반대하는 미국의 젊은 그리스도인 집단이 포르노그래피를 죄로 선언하고 모인 사람들을 회개시키려는 목적으로 덴마크 코펜하겐(Copenhagen)의 포르노 축제에 참가하기로 결정했다. 열여덟 명이 그곳에 가서는 포르노 가게와 진열물 앞에서 매일 설교했다. 그들은 그때 수백 명의 회심자들이 나왔다고 보고했다. 하지만 나중에 조사된 바에 의하면 실질적인 열매는 거의 맺지 못한 것으로 나타났다. 그러나 가장 최악의 사태는 그 후 몇 년이 못 되어 열여덟 명 전원이 포르노나 잘못된 섹스에 빠져들고 말았다는 사실이다.

영적 세계에 대한 무지는 우리를 위험에 처하게 할 수 있다. 이 젊은이들은 그들이 혈과 육이 아니라 정사와 권세의 악령들과 씨름하고 있다는 사실을 알지 못해 그 대가를 치른 것이다.

2. 두려움

많은 기독교 지도자들은 좀 더 고차원의 영적 싸움에 빠져드는 것을 내적으로 두려워하고 있다. 그들은 도리스 와그너가 아르헨티나의 영적인 싸움 후에 당한 일들, 래리 리가 샌프란시스코 집회 후에 당한 일들을 듣고 그런 종류의 일들이 그들에게 일어나지 않기를 원하는 것이다. 그러나 고차원의 영적 싸움을 두려워하지 않아도 될 합당한 이유가 있기 때문에 그 두려움은 공개적으로는 거의 드러나지 않는다.

첫째, 이러한 지도자들은 내가 이미 여러 번 언급한 것처럼 예수님이 사탄을 단번에 파하셨다는 것과 따라서 우리도 전쟁에서 이길 것이라는 것을 전혀 의심할 필요가 없다는 것을 잘 알고 있다.

둘째, 그들은 완전한 사랑이 모든 두려움을 내어 쫓는다는 것과 "두려워하는 자는 사랑 안에서 온전히 이루지 못하였"(요일 4:18)다는 것을 믿고 있다. 두려움을 인정하는 것은 사랑이 부족하다는 것을 인정하는 것으로 여겨질 수 있기 때문에 많은 지도자들이 쉽사리 두려움을 인정하려 들지 않는다.

자기의 두려움을 인정했던 한 지도자는 YWAM의 플로이드 맥클랑이다. 그는 "사탄은 죄와 두려움 그리고 탐닉함을 사랑한다. 나는 그 세 가지 중 어느 것도 허락하지 않을 것이다"라고 말하면서 그동안 사탄에 관한 문제들을 회피하곤 했었다고 이야기한다. 그러나 자주 이러다 보니 성령님이 그의 죄를 깨우치셨고, 그는 주님 앞에서 낮아지게 되었다. 하나님은 그의 내면에 이렇게 말씀하셨던 것이다: "나는 너의 반응에 실망했다. 너는 오래전에 내 제자들이 그랬던 것처럼 사탄의 영역에 대한 지식이 없고 그래서 사탄에 대한 권세가 없다. 네 말은 네 스스로의 두려움을 나타내는 것뿐이다."

주님이 주신 이 말씀은 그를 180도 변하게 했다. 그는 그 문제들을 두려움 가운데 반응하고 있었다고 고백했다: "나는 두려움을 신학적 용어로 가장하려 했으나 사실은 두려워하고 있었다. 나는 주님까지는 아닐지라도 몇몇 사람들을 놀린 것일지도 모른다." 무엇이 맥클랑의 문제였는가? "나는 극단적인 경향을 두려워하고 있었고, 잘 알려지지 않은 것들을 두려워하고 있었다."[1]

1990년 초 중동의 위기 동안 몇몇 미국인들은 미국이 전쟁을 수행하려는 결정을 파기하도록 하기 위해 '반전 운동'(anti war movement)을 결성했다. 릭 조이너(Rick Joyner)는 비슷한 현상이 기독교 지도자들 사이에서도 나타나는 것을 본다. 그는 "교회가 영적 싸움에 참여하지 못하도록 사탄이 이용하는 교묘한 영적인 반전 운동이 있다"고 말한다. 그의 의견에 의하면 "영적인 반전 운동은 이상주의에 뿌리박고 있음과 동시에 사탄에 대한 미묘한 두려움과 혼합되어 있는 것이다"[2]라고 한다. 비록 우리는 사탄의 힘을 과소평가해서는 안 되지만 그것을 두려워해서도 안 된다. 이제 다음 함정을 살펴보자.

3. 과소평가

나는 우연히 낙농업자가 된 적이 있었다. 이것은 어렸을 때 배운 직업이고, 심지어 낙농업으로 학사 학위를 받기도 했다. 나의 낙농 경험은 대부분 인공수태가 개발되기 전 젖소가 농장에서 매우 중요한 부분을 차지할 당시에 경험한 것이다. 많은 사람들이 젖소가 황소와는 달리 가장 해로운 동물 중의 하나라는 것을 모르고 있다. 젖소는 사탄과 같이 매우 힘이 세고 비열하다. 젖소에게 조금이라도 기회를 주면 그것은 당신을 죽일 수도 있다. 그래서 뉴욕 북부의 낙농 지방에서는 마을마다 젖소에 의해 심하게 다치거나 죽은 사람들의 이야기가 떠돈다.

　내가 한 번도 피해를 보지 않았던 이유 중에 하나는 내가 그 젖소들을 큰 애정을 가지고 돌보았기 때문이다. 나는 그들이 무엇을, 언제, 어떻게 해야 하는지를 알고 있다. 그들을 겁내지 않는 것이다. 나는 젖소에게 내가 원하는 바를 하게 할 수 있다. 내 힘으로는 젖소 한 마리의 힘도 당할 수 없지만, 그들을 우리에 끌어들일 수 있는 힘은 있다.

　사탄과 그의 힘은 젖소와 같다. 마틴 루터는 "세상에서는 그의 힘을 대적할 만한 것이 없다"고 말했다. 그러나 우리는 예수 그리스도의 보혈과 영적 싸움의 무기를 가지고 있기 때문에 두려워할 필요가 없다. 그렇지만 또 한편으로, 당신이 사탄의 힘을 과소평가하고 경계심을 늦춘다면 목숨을 잃을 수도 있다. 슬프게도 전략적 수준의 영적 싸움에서 실제로 목숨을 잃은 사람들도 있다. 내가 가르치는 풀러대학의 학생인 가나의 윌슨 아와수(Wilson Awasu)는 아잔쿠(C. Y. Adjanku)라는 한 장로교 목사에 대한 보고서를 썼다. 그 목사는 사탄 숭배 제사장들이 모셔 놓은 나무를 잘라 버리라고 지시했었는데, 그는 나무가 베어져 넘어갈 때 그만 깔려 죽고 말았다는 것이다.

　오늘날 가장 훌륭한 중보 사역자들과 영적 용사들 중의 한 사람은 독일의 국제 중보 기구(Intercessors International)의 총무인 요하네스 파시우스(Johannes Facius)다. 사탄을 과소평가해서는 안 된다는 것을 말하기 위해 나는 영적인 초신자가 아닌 전문가로서의 그의 이야기를 하고 싶다. 그는 지난 1986년, 중보 팀이 러시아(당시 소련)에 가서 모스크바의 레닌의 묘에 들어갔을 때의 이야기를 해 주었다. 그들은 '소비에트 체제의 신'인 블라디미르 레닌에 대한 영적 싸움을 해야 함을 느꼈다.

그때 하늘에서 무슨 일이 일어났는지 우리는 모른다. 우리는 소련 공산주의가 붕괴했다는 사실을 알고 있다. 그러나 파시우스는 "이제껏 경험하지 못한 사탄의 공격을 받아 병으로 고생하게 된 것은 그때 그 기도 사역 때문이었다"고 말한다. 최초의 공격은 하루 동안만 지속되었다. 그러나 그 후로 그는 곧 심장병에 걸리고 말았다. 그는 그것을, 그들이 레닌의 묘 안에서 영적인 싸움을 했던 '죽음의 영'의 역습이라고 보고 있다. 그리고 3년간의 심한 우울증이 뒤따랐으나 그 후에 어느 집회에서 순간적으로 깨끗이 고침을 받았다.[3]

파시우스가 '죽음의 영' 이야기를 했을 때 나는 몸서리를 쳤다. 왜냐하면 도리스와 나는 예전에 그녀를 공격했던 악령이 아르헨티나의 레지스텐시아로부터 온 '죽음의 영', 산 라무에르라는 것을 기억했기 때문이다.

4. 영적 교만

만약 겸손함이 없이 영적 싸움에 뛰어들어 하나님의 능력 받기를 기대한다면 우리는 문제를 일으키게 될 것이다. 바울은 고린도 교인들에게 "내가 너희 가운데 거할 때에 약하고 두려워하고 심히 떨었노라"(고전 2:3), "내가 약한 그 때에 강함이라"(고후 12:10)고 고백한다. 이렇게 말하지만, 바울은 신약에서 가장 강력한 영적 용사 중

한 사람이었다. 그는 심지어 에베소의 여신 아데미까지 떨게 했다. 효과적인 영적 싸움은 약함과 강함의 적절한 균형을 요구한다. 우리가 우리 스스로의 힘으로 해내고 있다고 생각하기 시작하는 순간, 우리는 사탄의 공격에 의해 해를 받기가 쉽다.

> 만약 겸손함이 없이 영적 싸움에 뛰어들어 하나님의 능력 받기를 기대한다면 우리는 문제를 일으키게 될 것이다.

요하네스 파시우스는 이것이 그의 문제 중 하나였다고 인정한다. 그는 주님과 깨어지지 않는 친밀한 교제 가운데 있어야 한다는 것도 알고 있었다. 그러나 그는 그것을 소홀히 여겼다. 그래서 그는 "주님의 일에 너무나 바빴기 때문에 주님을 의지하지 않는 지경까지 이르렀습니다"라고 솔직히 고백한다.[4]

5. 개인적인 중보기도의 부족

나는 오늘날 교회에서 기독교 지도자들을 위한 중보기도는 가장 활용할 수 있는 영적인 능력의 출처가 된다고 믿는다. 나는 이 시리즈의 다음 책에서 그 주제를 다룰 것이다.

> 나는 오늘날 교회에서 기독교 지도자들을 위한 중보기도는 가장 활용할 수 있는 영적인 능력의 출처가 된다고 믿는다.

중보기도의 지원에 대한 확신이 없이는 아무도 전략적 수준의 영적 싸움에 뛰어들어서는 안 된다는 것이 나의 생각이다. 에베소서 6장의 유명한 영적 싸움에 대한 구절에서 사도 바울은 에베소와 골로새 교인들에게 자기를 위해 기도해 달라고 부탁했다(엡 6:19, 골 4:3을 보라).

어둠의 악령들은 확실히 지도자들이 영적 싸움을 할 때 중보 기도자들을 통해 펼쳐지는 영적인 능력을 매우 잘 알고 있다. 예를 들어, 나는 단지 몇 달이 안 되어서 영적 전투 조직의 멤버인 나와 래리 리 그리고 에드 실보소, 이 세 지도자들이 그들의 최고 중보 사역자를 잃어버리는 것을 목격할 수 있었다. 이것은 각각 다른 상황에서 일어난 것으로 사탄이 그의 전술을 다양화하고 있음을 곧 알 수 있었다. 그래서 제10장을 래리 리와 내 이야기를 하면서 시작했다. 에드 실보소의 상황은 스토리 그 자체다. 오해를 피하기 위해 이름과 장소를 감추어 이야기하겠다.

실보소의 중보 사역자는 다른 동료가 그의 영역에 와서 능력 있는 영적 싸움의 기도회를 이끌었을 때 시기심을 갖게 되었다. 그 중보 사역자는(그를 '헨리'라고 부르기로 하자) 어느 날 밤 같은 방 동료에게 악령들과 싸우기 위해 시내 밖으로 함께 나가자고 제안했다. 이것은 아마도 자신과 동료에게 자기도 영적인 능력을 가지고 있음을 확인해 주기 위한 것이었을 것이다. 그들이 호텔로 돌아와 잠자리에 들었을 때, 하나는 금발이고 하나는 갈색머리인 두 여인이 그들의 방으로 들어와 누구와 자고 싶은가 선택하도록 요구했다. 그때 그의 동료는 자고 있었다. 헨리는 벌떡 일어나 욕실 안으로 들어가

문을 잠가 버렸다. 그 여자들은 떠나갔고 그제야 헨리는 다시 잠자리에 들 수 있었다. 그런데 어느 사이에 그 두 여자가 다른 한 여자를 데리고 다시 들어와 있었다. 그들은 "우리가 맘에 안 들면 이 여자와 주무시는 건 어때요?"라고 말했다. 헨리는 일어나서 방 밖으로 나가 버렸다.

헨리가 다시 방으로 돌아왔을 때 그 여자들은 이미 사라졌으나, 그의 방에서 자고 있던 동료가 땀으로 뒤범벅이 된 채 질식해 있었다. 그의 숨은 거의 멎었고 금방이라도 죽을 것만 같았다. 그러나 그들이 기도하자 악령의 공격은 멈췄다.

다음 날 밤, 헨리는 그가 살고 있는 도시를 향해 매우 빠른 속도로 차를 몰고 있었다. 그런데 갑자기 그의 몸이 허리에서부터 밑으로 경직되기 시작했다. 또 그의 목 주위를 누군가 손으로 누르는 듯한 질식감을 느꼈고, 그 차는 고속도로에서 방향이 어긋나기 시작했다. 그는 그저 차 안의 다른 사람들에게 "제발 기도해 주세요"라고 소리 지를 따름이었다. 그러자 기적적으로 그 차는 똑바로 멈춰서서 아무도 다친 사람은 없었다.

나중에 그들은 헨리가 시기했던 그 사람이 두 동료와 함께 하나님으로부터 헨리를 위해 기도하라는 음성을 들었다는 것을 알게 되었다. 그들은 이에 열심히 기도했고 하나님은 곧바로 응답하셨던 것이다.

그들 중 아무도 다치지 않은 것은 좋은 소식이다. 그러나 나쁜 소식은 능력 있는 중보 사역자로 알려졌던 헨리가 그 이후로 기도를 잘하지 못하게 되었다는 것이다. 이 같은 일이 요하네스 파시우스의 경우처럼 일시적인 현상으로 나타나기를 희망한다. 파시우스는 또한 중보기도의 부족이 그의 문제점 중 하나였다는 것을 시인한다. 그는 "사도 바울처럼 우리도 기도의 보호막을 위해 요청할 필요가 있다. 나는 이 점에서 실패했다. 우리는 우리가 감당해야 할 모든 전략적인 영적 싸움을 위해 기도의 동역자들을 활용해야 할 필요가 있다"[5]고 말한다.

6. 방향 없는 기도

나는 여러 번에 걸쳐 기도를 통한 하나님 아버지와의 친밀함과 그분이 무엇을 하고 계신가를 확실히 아는 것이 효과적인 영적 싸움으로서의 기도에 있어서 중요하다는 것을 언급해 왔다. 이렇게 하지 않으면 우리의 기도는 방향을 잃게 되고, 따라서 약해지기가 쉽다. 웨슬리 듀웰(Wesley Duewel)은 "기도를 당신이 깨닫는 수준에 제한한다면 하나님의 의도를 놓칠 뿐 아니라 그의 계획을 방해하게 될지도 모른다. 그가 그의 뜻을 당신에게 확신시킬 때까지 잠잠히 그를 바라라"[6]고 말한다. 이것은 물론 기도할 때 하나님에게 귀 기울이는 것을 말한다.

나는 듀웰이 에드 스파(Ed Spahr) 부인에 대해 말하는 이야기를 자주 인용하곤 한다. 이 부인은 중보 사역자인데, 어느 날 인도네시아의 이리안자야(Irian Jaya)에 선교사로 있는 제리 로즈(Jerry Rose)를 위해 기도하도록 하나님이 밤에 깨우셨다. 이 사건은 너무나 명확했고 정확한 시간에 일어났기 때문에 그 부인은 로즈에게 편지를 써서 그 사실을 알렸다. 네 개의 다른 편지들이 기도 동역자들로부터 도착했는데, 모두가 로즈를 위해 정확히 같은 시간에 하나님이 그들로 기도하게 하셨다는 내용이었다. 그 다섯 명 모두가 기도할 바로 그때 로즈는 등 뒤로 팔이 묶인 채 한 야만인이 그의 몸을 창으로 겨누고 있었다. 그러나 그가 창으로 찌르기 전에 그 종족의 한 사람이 걸어 나와 그에게 뭔가를 말하자 그들은 즉시 제리 로즈를 풀어 주었다.

이것이 어둠의 세력을 움직이는 기도의 종류로서 방향 있는 기도의 한 예다.[7]

7. 부적절한 시기

나와 함께 '그리스도를 위한 패서디나' 운동에 참여하고 있는 목사들 중의 한 사람은 내 친구 채 안(Che Ahn) 목사다. 그는 나에게 자기 교회가 얼마 전에 기도와 금식함으로 매우 중요한 한 달을 보냈다고 말해 주었다. 그들이 그 달에 하나님으로부터 받은 많은 계시 중 하나는 패서디나에 있는 가장 강력한 지역 귀신들의 일부가 시청에 몰려 있다는 것이었다. 그래서 그들은 어느 날 30명으로 구성된 팀을 이끌고 그 본거지를 파하기 위해 시청으로 갔다.

얼마 기도하지 않아 그들은 자기들이 전략적 수준의 영적 싸움에 관여하고 있다는 것을 깨닫게 되었다. 악령들이 역습해 왔다. 채 안은 그날 밤 집에 도착해서 어릴 때 이후로 경험하지 못했던 가장 심한 몸살을 앓게 되었다. 그의 아이들은 밤마다 악몽을 꾸기 시작했다. 그들은 사람들의 목이 잘리고, 수족이 베이고, 아버지가 살해되는 그런 공포의 꿈들을 꾸었다. 채 안은 아이들이 텔레비전을 보지 않았기 때문에 정신적으로 그런 것들로 프로그램화 될 방법이 없다고 설명했다. 그것은 영적인 것임에 틀림없었다.

우리가 이야기하면서 그 계시는 의심할 바 없이 정확했지만 그 영적 싸움의 시기가 잘못되었을지도 모른다는 데 동의하게 되었다. 영적 싸움을 행할 하나님의 때나 전략적인 때가 아니었던 것이다.

이웃하고 있는 몬로비아(Monrovia)라는 도시에서도 비슷한 사건이 일어났다. 레이 잭슨(Leigh Jackson)이라는 중보 사역자는 1985년 그 도시를 위해 기도 운동을 시작하도록 영적인 부담감을 느꼈다. 1988년 4월, 다른 성공적인 기도 모임들 후에 그녀는 시청의 회의실에서 함께 기도하기 위해 도시의 목사들을 불러 모았다. 그런데 놀랍게도, 그 목사들 중 한 사람이 그 모임의 주도권을 빼앗아 그녀가 받은 비전과 반대되는 방향으로 모임을 이끌었다. 레이는 그것을 단호히 제지하려 하지 않고 그냥 그대로 놔두었다. 그러자 그 기도 운동은 중단되었다.

그녀는 1989년에 다시 기도 운동을 시작하려 했으나 이번에도 부적절한 시기임이 드러났다. 1990년 말이 되어서야 마침내 그녀는 그때(the timing)에 대한 하나님의 음성을 들었고, 내가 이 글을 쓰고 있는 지금 그 기도 운동은 그녀가 희망하던 대로 잘되어 가고 있다.

나를 포함한 우리들 대다수가 조급해지려는 경향을 가지고 있다. 일단 무엇이 이루어져야 하는가를 알게 되면 우리는 그것이 지금 당장 이루어지기를 원한다. 그러나 우리가 하나님보다 앞서 나가면 그것이 성령 안에서가 아니라 육으로 이루어질 것이기 때문에 영적인 의미가 있는 큰 일로 기억될 수 없을 것이다.

8. 공허한 울림으로서의 기도

내 염려 중 하나는 전략적 수준의 영적 싸움에 관심 있는 몇몇 사람들이 매우 지혜롭지 못해서 그들의 수많은 기도가 단지 공허한 울림으로 드러나지 않을까 하는 것이다. 그러한 기도들은 어둠의 세력들을 파하는 것이 아니라 단지 소음을 내는 것에 불과하다.

영적 싸움으로서의 기도 분야에 관해 책을 쓴 몇몇 저자들은 그들이 효과적이라고 발견한 기도들을 함께 나누었다. 이 모두가 훌륭한 기도문이고 비슷한 기도들을 반복해서 사용하는 데 아무 문제가 없다. 기도문의 전통을 연구한 사람들은 다른 사람이 쓴 기도문을 사용함으로써 영적인 큰 능력이 흘러나올 수 있다는 것을 발견한다.

그러나 몇몇 성숙하지 못한 신자들이 다른 사람의 기도문을 마치 마술의 주문처럼 사용하는 함정에 빠져들 수 있다는 위험을 간과해서는 안 된다. 만약 그들이 그 기도문을 바르게 사용해서 크게 기도한다면 사탄은 패배할 것이다. 만약 기도가 딕 버널이나 톰 화이트, 그웬 쇼를 위해 역사한다면 나를 위해서도 역사할 것이다.

나는 공허한 울림으로서의 기도가 가장 위험하다거나 나쁜 함정 중에 하나라고 생각지는 않는다. 하나님도 정사의 악령들도 그 기도에 귀를 기울이지 않기 때문에 대부분의 경우에 아무 일도 일어나지 않는 것뿐이다. 그러한 기도가 끝나도 모든 것은 전과 마찬가지로 똑같다. 그러나 위험한 일은, 기도하는 사람이 하늘에서 무슨 일이 일어난 것처럼 생각하고 그러한 가정 하에 행동하는 경우에 일어난다. 아무 승리가 없는데도 승리를 선포하는 것은 심각한 결과를 가져올 수 있다. 이것은 바로 아르헨티나 군 지도자들이 포클랜드와의 전쟁 때 시도한 것으로, 그 결과 전 국민의 심리 상태를 심각하게 저하시켜 버렸다.

진지하고 사려 깊은 대다수의 그리스도인들은 교회나 텔레비전에서 영적인 싸움인 것처럼 가장된 우둔함을 보게 될 때 곧바로 깨닫고 무시해 버린다. 이것은 사탄이 공허한 울림의 기도를 통해 승리를 얻는 비결임을 알기 때문이다.

9. 영적 보호막의 상실

만약 이런 책을 읽는 것이 당신을 고무시키고, 당신이 전략적 수준의 영적 싸움을 위해 하나님의 군대에 참여하기를 원한다면 어떠한 상황 가운데서도 당신의 영적인 선배들의 보호막이 없이 그것을 시도하지 말라. 당신 교회의 목사나 장로들은 당신의 영적인 건강을 감독하기 위해 임명된 하나님의 대리인들이다. 만약 당신이 이러한 영적인 보호막이 없다면 심각한 사탄의 공격에 처하게 될 것이다.

이것이 당신의 목사가 영적 싸움에 책임을 지고 반드시 참여할 필요가 있다는 것을 말하는 것은 아니다. 그러나 그는 어떠한 형태로든 당신에게 확실한 축복을 줄 필요가 있다.

이것은 적용하기에 간단한 원리다. 그러나 지도급에 있는 영적인 지도자들에게는 그것이 더 복잡해진다. 누가 목사를 감독하는가? 이것은 수년 동안 내 개인적인 문제가 되어 왔다. 왜냐하면 내가 속한 교회는 너무나 크기 때문에 당회장 목사가 너무 바빠서 나와 나의 가족들에게 목회적 관심을 주지 못하기 때문이다. 하나님은 최근에 내가 요하네스 파시우스가 말한 것을 읽고 있을 때 이에 대해 주의를 끌게 하셨다: "나는 하나님의 종들을 포함해 우리 모두가 영적인 보호자가 필요하다고 믿는다." 그리고 나서 그는 비록 다른 나라에 살고 있지만 그의 영적인 보호자 역할을 하는 사람의 이름을 언급하는데, 그는 스웨덴의 스벤 닐슨(Sven Nilsson)이다.[8]

도리스와 나는 그 점에 대해 기도하고 존 맥스웰(John Maxwell)과 그의 부인 마가렛(Margaret)에게 영적인 보호자로서의 짐을 져 줄 것을 부탁하기로 합의했다. 그들은 흔쾌히 승낙했고, 나는 이 관계가 오랫동안 지속될 것으로 생각한다. 비록 지금 샌디에이고(San Diego)에 있는 그의 스카이라인(Skyline) 감리교회가 내가 있는 곳과 지리적으로 100마일(약 160킬로미터)도 넘게 떨어져 있지만, 나의 영적인 보호자로서 존은 내 사역에 필요한 영적인 보호막과 권세를 제공해 주고 있다.

10. 단독 사역

전략적 수준의 영적 싸움을 혼자 계획하거나 실행하려 하지 말라. 언제나 그룹으로 하라. 예수님은 두세 사람이 모인 곳에 함께하시겠다고 말씀하셨다. 전도서 4장 11절도 두 사람 이상의 필요성을 말한다: "두 사람이 함께 누우면 따뜻하거니와 한 사람이면 어찌 따뜻하랴."

나는 최근에 피닉스(Phoenix)에서 그리스도인의 결혼에 대한 상담자인 알프레드 엘스(Alfred H. Ells)와 가진 대화를 통해 이 부분에 주의를 기울이게 되었다. 그는 나에게 다음과 같은 이야기를 해 주었다.

그가 크리스마스 절기 때 시내에서 차를 몰고 있는데, 라디오에서 미국 시민의 자유연맹(ACLU)이 도시에 있는 모든 공공 크리스마스 장식을 철거할 것을 요구하고 있음을 들었다. 그는 화가 나서, 차에서 미국 시민의 자유연맹의 영을 큰 소리로 저주하기 시작했다. 그때 그는 즉시로 아주 추악하게 생긴 형상을 볼 수 있었는데, 그것이 자기의 얼굴을 강타하는 것을 느꼈다. 그가 "이게 뭐야?"라고 말했을 때 이번에는 그의 왼쪽 뺨에 주먹으로 강타하는 듯한 느낌을 받았다. 너무 아파서 그는 입을 거의 열 수조차 없었다. 사무실 뒤에서 몇몇 사람들이 안수기도를 해 주자 그 고통은 사라졌다.

나중에 알프레드가 그것에 대해 기도하며 "무슨 일입니까?"라고 물어보았을 때 하나님은 이렇게 대답하셨다: "너는 그 일과는 아무런 상관이 없다."

우리는 후에 알프레드 엘스가 여기 열거한 함정의 목록 중 몇 가지를 어겼다는 것을 알게 되었는데, 그중 하나가 단독 사역을 행한 것이었다.

어떻게 영적 싸움으로서의 기도가 역사할 수 있는가

효과적인 영적 싸움으로서의 기도에 관한 가장 극적인 성경의 예 중에 하나가 바로 바알과 대결하는 엘리야다. 바알은 고대 페니

키아와 가나안 지역을 다스리던 정사의 악령이었다. 그가 다스리던 지역의 정확한 한계선은 모르겠으나 그 당시 중국, 스칸디나비아, 안데스 인디언 및 호주 원주민들을 다스리던 악령은 아니었음이 분명하다.

바알은 이세벨과 결혼한 아합 왕과 동맹을 체결하는 데 성공해서 바알을 숭배하게 하고 그 악령을 위해 신전과 제단을 건축하게 했다. 그러나 하나님은 전략적 수준의 영적 싸움을 위해 엘리야를 세우셨는데, 이 이야기는 열왕기상 17~19장에서 찾아볼 수 있다. 엘리야는 혈과 육(이세벨과 아합)에 대해 싸우는 것이 아니라 정사와 권세의 악령들(바알과 그의 어둠의 세력)과 싸우는 것이었다. 이 이야기의 클라이맥스는 극적인 능력 대결이다.

능력 대결을 준비하기 위해 엘리야는 공개적으로 땅에 가뭄을 선언했다. 가뭄 가운데서도 하나님은 새를 통해 엘리야를 공궤하셨고, 사르밧 과부의 집에 음식을 끊이지 않게 하셨다. 하나님은 그 과부의 아들을 죽음에서 살리심으로 말미암아 엘리야로 하여금 그의 능력을 깨닫게 하셨다.

그리고 나서 바알이 패하고 그 땅에 가뭄이 그칠 하나님의 때(카이로스)가 왔다. 엘리야는 비가 내릴 것이라고 이야기하고 나서 공개적으로 아합 왕을 통해 바알에게 도전했다. 이 사건은 굉장히 유명하다. 바알은 그의 제사장들이 아무리 부르짖어도 불을 내릴 수가 없었으나 하나님은 번제물과 나무들이 물에 흠뻑 적셔진 후에도 불을 내리셔서 다 태우셨다. 너무나 확실하게 여호와 하나님이 승리하자 450명의 바알의 제사장들은 당황했고 시냇가에서 처형을 당했다. 그리고 정사의 영인 바알의 세력이 깨졌을 때 비로소 비가 내렸다.

그러나 또다시 역습이 왔다. 이세벨이 크게 화가 난 것이다. 영적 싸움으로 약해질 대로 약해진 엘리야는 도망치고 말았다. 하나님은 그를 공궤하기 위해 천사를 보내셨지만, 엘리야는 그때부터 심한 우울증의 기간을 겪게 되었다. 하나님은 그를 만나 고요하고 세미한 음성으로 아직도 여호와를 따르는 7천 명의 남은 자가 있다고 말씀하셨다.

영광스러운 종말
그리고 나서 하나님은 엘리야에게 영광스러운 종말을 장식하게 하셨다.

- 엘리야는 새 왕을 기름부었다.
- 엘리야는 그의 수제자 엘리사를 얻을 수 있었다.
- 엘리야는 불병거를 타고 하늘로 승천했다. 그리고 모세와 함께 변화산상에서 예수를 만나는 사람이 되었다. 충성스러운 하나님의 용사에 대한 얼마나 큰 보상인가!

그러나 영적 싸움으로서의 기도가 성경 어느 곳에 나타나는가? 열왕기상의 그 어느 곳에서도 엘리야가 기도했다는 사실은 나오지 않는다.

하나님은 엘리야가 기도했는가 안 했는가 우리가 의아해하도록 남겨 놓지 않으셨다. 야고보서를 통해서 엘리야의 주요한 영적 무기는 우리와 마찬가지로 '영적 싸움의 기도'라는 것을 알려 주고 계신다: "엘리야는 우리와 성정이 같은 사람이로되 그가 비가 오지 않기를 간절히 기도한즉 삼 년 육 개월 동안 땅에 비가 오지 아니하고 다시 기도하니 하늘이 비를 주고 땅이 열매를 맺었느니라"(약 5:17~18).

열왕기상을 통해 우리가 영적 싸움의 기도로 알고 있는 이 기도를 야고보는 어디에서 언급하고 있는가? 그는 영적 원리의 예표로서 이렇게 말한다: "의인의 간구는 역사하는 힘이 큼이니라"(약 5:16).

이러한 성경적 예증들은 하나님이 그의 백성들을 영적 싸움으로서의 기도에 부르셨고, 지금도 부르고 계시다는 사실을 보여 준다: "귀 있는 자는 성령이 교회들에게 하시는 말씀을 들을지어다"(계 2:7).

〈토의할 문제〉

1. 왜 어떤 그리스도인들은 예수님이 자기들 편이라는 것을 알면서도 영적 세계를 다루는 것을 두려워하는가?
2. 만약 개인적인 중보기도가 기독교 지도자들이 영적 싸움의 부상자(희생자)가 되지 않게 하기 위해서 그렇게 중요하다면 왜 그러한

중보기도가 드문 것인가?
3. 우리가 기도하는 것이 하나님의 때와 뜻에 합당하다는 것을 어떻게 알 수 있는가?
4. 이 장에서 언급된 함정들 중 어느 것에 우리가 빠진다고 가정해 보자. 하나님은 당신을 언제나 구해 주실 것인가, 아니면 그 위험은 실제인가?
5. 이 책을 읽음으로써 당신이 배운 것을 이행하기 위해 당신과 당신의 친구들이 구체적으로 어떤 조치를 할 것인가에 대해 하나님이 보여 주시도록 다른 사람과 함께 기도하라.

주석

C. PETER WAGNER

제1장 최전선의 싸움

1. Stephen Strang, "Revival Surges in Argentina," *Charisma and Christian Life*, April 1989, p. 34.
2. Edgardo Silvoso, "Prayer Power in Argentina," *Engaging the Enemy*, C. Peter Wagner, ed., (Ventura, CA: Regal Books, 1991), p. 110.
3. Daniel E. Wray, "Reviv? Argentina!" *Eternity*, July/August 1987, p. 22.
4. Edgardo silvoso, "Argentina: Battleground of the Spirit," *World Christian*, October 1989, p. 16.
5. For more information on the evangelistic principles used by Silvoso in the *Plan Rosario*, see C. Peter Wagner, *Strategies for Church Growth*(Ventura, CA: Regal Books, 1987), p. 149.

제3장 적극적으로 싸우신 예수님

1. O. Bocher, "*Wildeness*," *The New international Dictionary of New Testament Theology*, Colin Brown, ed., Vol.3, pp. 1005, 1008(Grand Rapids, MI: Zondervan Publishing House, 1978).
2. Colin Brown, *That You May Believe: Miracles and Faith Then and Now*(Grand Rapids, MI: Wm. B. Eerdmans Pub. Co., 1985).
3. C. Peter Wagner, *How to Have a Healing Ministry*(Ventura, CA: Regal Books, 1989), p. 114.
4. W. Gunther, "Fight," *Dictionary of New Testament Theology*, Vol. 1, p. 650.
5. Timothy M. Wamer, "Deception: Satan's Chief Tactic," *Wrestling with Dark Angels*, C. Peter Wagner and F. Douglas Pennoyer, eds.(Ventura, CA: Regal Books, 1990), pp. 102, 103.
6. Walter Wink's influential trilogy includes *Naming the Powers*, *Unmasking the Powers*, and *Engaging the Powers*, all published by Fortress Press.
7. Charles H. Kraft, "Encounter in Christian Witness," *Evangelical Missions Quarterly*, July 1991, pp. 258~265.
8. D. Mueller, "Height," *Dictionary of New Testament Theology*, Vol. 2, p. 200.
9. Susan R. Garrett, *The Demise of the Devil: Magic and the Demonic in Luke's Writings*(Minneapolis, MN: Fortress Press, 1989), p. 84.
10. Clinton E. Arnold, *Ephesians: Power and Magic*(Cambridge, England: Cambridge University Press, 1989), pp. 14, 18.
11. Ibid., p. 1.
12. Garrett, *The Demise of the Devil*, p. 97.
13. Ibid., p. 86.
14. Ibid., p. 101.
15. Ibid., pp. 180, 109.

제4장 배후에 숨어 있는 악령들

1. George Schwab, ed., *Tribes of the Liberian Hinterland*(Cambridge, MA: Report of the Peabody Museum Expedition to Liberia, 1947), p. 163.
2. This case study is taken from a paper, "Demons and Idols," written by Richard Collingridge while studying at Fuller Seminary in April 1986.
3. Roy Rosedale, "Mobil Training Centers: Key to Growth in Thailand," *Evangelical Missions Quarterly*, October 1989, pp. 402~409.
4. Paul Eshleman, *I Just Saw Jesus*(San Bernardino, CA: Campus Crusade for Christ, 1985), p. 112.
5. Ibid.
6. This hypothesis was previously published in my chapter "Territorial Spirits" in *Wrestling with Dark Angels*, edited by C. Peter Wagner and F. Douglas Pennoyer(Ventura, CA: Regal Books, 1990), p. 77.
7. George Eldon Ladd, *A Theology of the New Testament*(Grand Rapids, MI: Wm. B. Eerdmans Publishing Company, 1974), pp. 400, 401.
8. Leon Morris, *The First Epistle of Paul to the Corinthians: An Introduction and Commentary*(Grand Rapids, MI: Wm. B. Eerdmans Publishing Company, 1958), p. 147.
9. Leland Webb, "Spiritual Warfare: Reports from the Front", *The Commission*, February - March 1991, p. 30.
10. David W. Shenk and Ervin R. Stutzman, *Creating Communities of the Kingdom*(Scottdale, PA: Herald Press, 1988), p. 69.
11. Michael Harper, *Spiritual Warfare*(London, England: Hodder and Stoughton, 1970), p. 106.
12. Dom Robert Petipierre, ed., *Exorcism: The Repory of a Commission Convened by the Bishop of Exeter*(London, England: S. P. C. K., 1972), p. 9.
13. Ibid., pp. 21, 22.
14. Vivienne Stacey, "The Practice of Exorcism and Healing," *Muslims and Christians on the Emmaus Road*, J. Dudley Woodberry, ed.(Monrovia, CA: MARC, 1989), pp. 298~300.
15. James Marocco, "Territorial Spirits," a research paper written in Fuller Theological Seminary, 1988, p. 5.
16. Don Crawford, *Miracles in Indonesia*(Wheaton, IL: Tyndale House Publishers, 1972), p. 144.
17. C. S. Lewis, *The Screwtape Letters*(New York, NY: Macmillan, 1962), p. 3.

제5장 과거와 현재의 영토권

1. Susan R. Garrett, *The Demise of the Devil*(Minneapolis, MN: Fortress Press, 1989), p. 101.

2. Ibid., p. 40.
3. F. F. Bruce, *The Epistle to the Hebrews*(Grand Rapids, MI: Wm. B. Eerdmans Publishing Co., 1964), p. 33.
4. Don Williams, *Signs, Wonders and the Kingdom of God*(Ann Arbor, MI: Vine Books, Servant Publications, 1989), p. 35.
5. *Interpreter's Dictionary of the Bible*(Nashville, TN: Abingdon Press, 1962), Vol. 1, p. 376.
6. C. F. Keil, *Biblical Commentary on the Book of Daniel*(Grand Rapids, MI: Wm. B. Eerdmans Publishing Co., 1949), p. 416.
7. Oscar Cullmann, "The Subjection of the Invisible Powers," *Engaging the Enemy*, C. Peter Wagner, ed.(Ventura, CA: Regal Books, 1991), p. 195.
8. Garrett, *The Demise of the Devil*, p. 43.
9. Walter Wink, *Unmasking the Powers*(Philadelphia, PA: Fortress Press, 1986), p. 88.
10. Ibid., p. 89.
11. Ibid., p. 91.
12. Walter Wink, "Prayer and the Powers," *Sojourners*, October 1990, p. 10.
13. Wink, *Unmasking the Powers*, p. 88.
14. Ronald J. Sider, *Christ and Violence*(Scottdale, PA: Herald Press, 1979), p. 50.
15. Leon Morris, *New Testament Theology*(Grand Rapids, MI: Academie Books, Zondervan Publishing House, 1986), p. 66.
16. Clinton E. Arnold, *Ephesians: Power and Magic*(Cambridge, England: Cambridge University Press, 1989), p. 27.
17. Ibid., p. 21.
18. Ibid., p. 27.
19. Ramsay MacMullen, *Christianizing the Roman Empire*, A. D. 100~400(New Haven, CT: Yale University Press, 1984), p. 26.
20. Arnold, *Ephesians*, p. 28.
21. Charles H. Kraft, *Christianity with Power*(Ann Arbor, MI: Vine Books, Servant Publications, 1989), p. 27.
22. Jacob Loewen, "Which God Do Missionaries Preach?" *Engaging the Enemy*, C. Peter Wagner, ed.(Ventura, CA: Regal Books, 1991), p. 173.
23. Ibid., p. 169.
24. David Lan, *Guns and Rain: Guerillas and Spirit Mediums in Zimbabwe*(Berkeley: University of California Press, 1985), p. 34.
25. Vernon J. Sterk, "Territorial Spirits and Evangelization in Hostile Environments," *Engaging the Enemy*, C. Peter Wagner, ed.(Ventura, CA: Regal Books, 1991), p. 149.
26. Ibid., pp. 149~150.
27. Ibid., pp. 155~156.

제6장 영적 전사를 무장시켜라

1. S. D. Gordon, *Quiet Talks on Prayer*(New York, NY: Fleming H. Revell Company, 1904), p. 120.
2. John Wimber, "Prayer: Intimacy with God," *Equipping the Saints*, November-December 1987, p. 3.
3. John Bisagno, *The Power of Positive Praying*(Grand Rapids, MI: Zondervan Publishing House, 1965), p. 71.
4. Timothy K. Jones, "Hands Up in the Hoosier Dome," *Christianity Today*, September 24, 1990, p. 23.
5. Ibid.
6. Francis Frangipane, *The House of the Lord*(Lake Mary, FL: Creation House, 1991), p. 147.
7. Larry Lea, *The Weapons of Your Warfare*(Altamonte Springs, FL: Creation House, 1989), p. 93.
8. Walter Wink, *Naming the Powers*(Philadelphia, PA: Fortress Press, 1984), p. 86.
9. Clinton E. Arnold, *Ephesians: Power and Magic*(Cambridge, England: Cambridge University Press, 1989), pp. 119, 120.

제7장 민족의 죄를 회개하라

1. Francis Frangipane, *The House of the Lord*(Lake Mary, FL: Creation House, 1991), p. 153.
2. Thomas B. White, *The Believer's Guide to Spiritual Warfare*(Ann Arbor, MI: Servant Publications, 1990), p. 15.
3. Cindy Jacobs, *Possessing the Gates of the Enemy*(Tarrytown, NY: Chosen Books, 1991), p. 32.
4. Gwen Shaw, *Redeeming the Land*(Engeltal Press, P.O.Box 447, Jasper, Arkansas 72641, 1987), p. 81.
5. George Otis, Jr., *The Last of the Giants*(Tarrytown, NY: Chosen Books, 1991), p. 93.
6. Jacobs, *Possessing the Gates*, pp. 235~236.
7. Charles Kraft, *Christianity with Power*(Ann Arbor, MI: Servant Publications, 1989), p. 129.
8. Shaw, *Redeeming the Land*, pp. 81~104.
9. John Dawson, *Taking Our Cities for God*(Lake Mary, FL: Creation House, 1989), p. 20.
10. Ibid., p. 80.
11. Ibid., p. 185.
12. Ronald J. Ostrow, "First 9 Japanese WWII Internees Get Reparations," *Los Angeles Times*, October 10, 1990, p. 1.

13. *Los Angeles Times*, August 13, 1991, "World Report," p. 1.
14. Dawson, *Taking Our Cities for God*, p. 136.

제8장 악령들의 존재와 활동을 파악하라

1. James Walsh, "Cyclone of Death," *Time*, May 13, 1991, p. 29.
2. Robert C. Linthicum, *City of God; City of Satan*(Grand Rapids, MI: Zondervan Publishing House, 1991), pp. 64~65.
3. Julia Loren, "Lea Leads Prayer Fight," *Charisma Christian Life*, August 1989, p. 30.
4. Kjell and Lena Sjoberg, *Newsletter*, March 6, 1991, p. 3.
5. Markus Barth, *Ephësians*(Garden City, NY: Doubleday & Company, 1974), p. 803.
6. Gustav Davidson, *A Dictionary of Angels, Including the Fallen Angels*(New York, NY: The Free Press, 1967).
7. Manfred Lurker, *Dictionary of Gods and Goddesses, Devils and Demons*(New York, NY: Routledge & Kegan Paul, 1987).
8. Vemon J. Sterk, "Territorial Spirits and Evangelization in Hostile Environments," *Engaging the Enemy*, C. Peter Wagner, ed.(Ventura, CA: Regal Books, 1991), p. 159.
9. Daniel Batt, "Yiwarrapalya: Highway of Holiness," *On Being*, May 1991, p. 9.
10. John Dawson, *Taking Our Cities for God*(Lake Mary, FL: Creation House, 1989), p. 156.
11. Clinton E. Arnold, *Ephesians: Power and Magic*(Cambridge, England: Cambridge University Press, 1989), p. 54.
12. Sterk, *Engaging the Enemy*, p. 159.
13. H. Bietenhard, "Name," *The New International Dictionary of New Testament Theology*, Vol. 2(Grand Rapids, MI: Zondervan Publishing House, 1976), p. 648.
14. Dean Sherman, *Spiritual Warfare for Every Christian*(Frontline Communications, Box 55787, Seattle, WA 98155, 1900), p. 100.
15. Linthicum, *City of God; City of Satan*, p. 75.
16. Dick Bernal, *Storming Hell's Brazen Gates*(San Jose, CA: Jubilee Christian Center, 1988), p. 57.
17. Larry Lea, *Could You Not Tarry One Hour?*(Altamonte Springs, FL: Creation House, 1987), p. 93.
18. George Otis, Jr., *The Last of the Giants*(Tarrytown, NY: Chosen Books), pp. 98~99.
19. Ibid., p. 85.
20. Ibid., pp. 85~86.
21. Sherman, *Spiritual Warfare*, pp. 93~94.
22. Thomas B. White, *The Believer's Guide to Spiritual Warfare*(Ann Arbor, MI: Servant Publications, 1990), p. 136.

23. Cindy Jacobs, *Possessing the Gates of the Enemy*(Tarrytown, NY: Chosen Books, 1991), pp. 237~238.
24. Dawson, *Taking Our Cities*, p. 85.
25. White, *The Believer's Guide*, p. 137.
26. Jane Rumph, *We Wrestle Not Against Flesh and Blood*(Privately Published Argentina report, 1990), p. 67.

제9장 도시를 구원하는 법

1. John Dawson, *Taking Our Cities for God*(Lake Mary, FL: Creation House, 1989), p. 36.
2. Floyd McClung, *Seeing the City with the Eyes of God*(Tarrytown, NY: Chosen Books, 1991), p. 9.
3. Roger Greenway, "Book Review," *Evangelical Missions Quarterly*, October 1991, p. 430.
4. Dawson, *Taking Our Cities*, p. 36.
5. John Huffman, "New Prayer Program Tested in Costa Rica," *Prayer Pacesetters Sourcebook*, David Bryant, ed.(Concerts of Prayer International, Box 36008, Minneapolis, MN 55435, 1989), pp. 252~253.
6. Ibid., p. 253.
7. *The Bernal Report*, December 1989, p. 2.
8. Francis Frangipane, *The House of the Lord*(Lake Mary, FL: Creation House, 1991), p. 146.
9. Edgardo Silvoso in the brochure announcing *The First Annual Harvest Evangelism International Institute*, October 10~18, 1991, p. 2.
10. Dick Bernal, *Curses: What they Are and How to Break Them*(Companion Press, P.O.Box 351, Shippensburg, PA 17257-0351), pp. 71~84.
11. Laura Myers, "Christians Pray for San Francisco Souls," *Antelope Valley Press*, November 1, 1990, p. 33.
12. John Wimber, "Facing the '90s," *Equipping the Saints*, Summer 1989, p. 22.
13. Richard C. Lockwood, personal correspondence, April 16, 1990.
14. Kjell and Lene Sjöberg, *Newsletter*, March 6, 1991, pp. 2~3.
15. C. Peter Wagner, *Your Spiritual Gifts Can Help Your Church Grow*(Ventura, CA: Regal Books, 1979), p. 263.
16. Cindy Jacobs, *Possessing the Gates of the Enemy*(Tarrytown, NY: Chosen Books, 1991), p. 56.
17. Dawson, *Taking Our Cities*, p. 39.
18. Ibid., p. 44.
19. McClung, *Seeing the City*, p. 34.
20. Ibid.

21. Koji Honda, "An Apology to the Peoples of Asia," *Japan Update, Bulletin of the Japan Evangelical Association*, October 1990, p. 8.
22. "Perils of Being Born Black," *Time*, December 10, 1990, p. 78.
23. John Dawson, "Seventh Time Around," *Engaging the Enemy*, C. Peter Wagner, ed.(Ventura, CA: Regal Books, 1991), pp. 137~138.

제10장 함정을 피하라

1. Floyd McClung, *Seeing Our Cities with the Eyes of God*(Tarrytown, NY: Chosen Books, 1991), p. 18.
2. Rick Joyner, "The Spiritual Meaning of the Persian Gulf War," *The Morning Star Prophetic Bulletin*, February 15, 1991, p. 1.
3. Johannes Facius, "Let God Be God," *Intercessors for America Newsletter*, March 1991, p. 3. This revealing and instructive story of Johannes Facius is told in detail in his book, *God Can Do It Without Me*!(Chichester, England, Sovereign World Books, 1990).
4. Ibid.
5. Ibid.
6. Wesley L. Duewel, *Mighty Prevailing Prayer*(Grand Rapids, MI: Francis Asbury Press of Zondervan Publishing House, 1990), p. 258.
7. Ibid., p. 260.
8. Facius, "Let God Be God," p. 3.